INVENTAIRE

Z

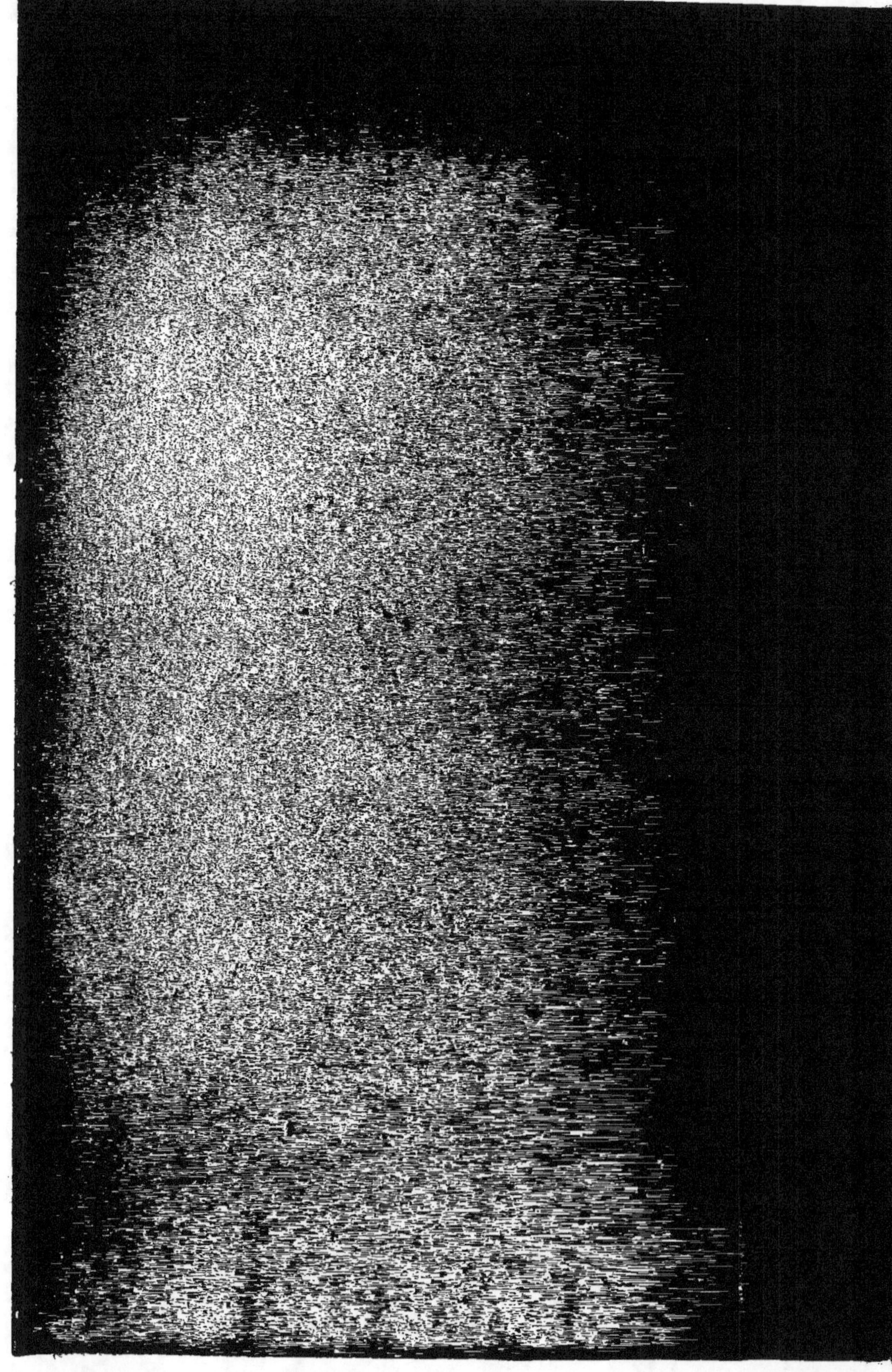

ALMANACH
du
SIÈCLE ILLUSTRÉ
POUR
1865
PRIX
30 CENTIMES
PRIX
30 CENTIMES
PAR M. ADOLPHE HUARD
RUE DU PONT-DE-LODI, 1.
LE SIÈCLE ILLUSTRÉ, JOURNAL PARAISSANT LE MERCREDI ET LE SAMEDI
Le Numéro : 5 centimes
BUREAUX : RUE DU PONT-DE-LODI, 1
(3e année)

ALMANACH

DU

SIÈCLE ILLUSTRÉ

POUR

PRIX

50 CENTIMES

1865

PRIX

50 CENTIMES

Par M. Adolphe Huard.

LE SIÈCLE ILLUSTRÉ

Journal paraissant deux fois par semaine (le mercredi et le samedi)

Le Numéro : 5 centimes

BUREAUX : 1, RUE DU PONT-DE-LODI, 1

1864

JANVIER

1	DIMANCHE	CIRCONCISION.
2	lundi	s. Basile, év.
3	mardi	ste Geneviève.
4	mercredi	s. Rigobert.
5	jeudi	ste Amélie.
6	vendredi	EPIPHANIE.
7	samedi	Noces.
8	DIMANCHE	s. Lucien, év.
9	lundi	s. Pierre, év.
10	mardi	s. Paul, ermite.
11	mercredi	s. Théodore.
12	jeudi	s. Arcade, mart.
13	vendredi	Baptême de N. S.
14	samedi	s. Hilaire, év.
15	DIMANCHE	s. Maur, abbé.
16	lundi	s. Guillaume.
17	mardi	s. Antoine, abbé.
18	mercredi	Ch. s. P. à R.
19	jeudi	s. Sulpice.
20	vendredi	s. Sébastien.
21	samedi	ste Agnès.
22	DIMANCHE	s. Vincent.
23	lundi	s. Ildefonse.
24	mardi	s. Babylas.
25	mercredi	Conv. de s. Paul.
26	jeudi	ste Paule.
27	vendredi	s. Julien.
28	samedi	s. Charlemagne.
29	DIMANCHE	s. Franç. de Sales.
30	lundi	ste Bathilde.
31	mardi	ste Marcelle.

FÉVRIER

1	mercredi	s. Ignace.
2	jeudi	PURIFICATION.
3	vendredi	s. Blaise.
4	samedi	s. Gilbert.
5	DIMANCHE	ste Agathe.
6	lundi	s. Vaast.
7	mardi	s. Romuald.
8	mercredi	s. Jean M.
9	jeudi	ste Apoline.
10	vendredi	ste Scho'astique.
11	samedi	s. Séverin.
12	DIMANCHE	*Septuagésime.*
13	lundi	s. Lézin.
14	mardi	s. Valentin.
15	mercredi	s. Faustin.
16	jeudi	ste Julienne.
17	vendredi	s. Théodule.
18	samedi	s. Siméon.
19	DIMANCHE	*Sexagésime.*
20	lundi	s. Eucher.
21	mardi	s. Pepin.
22	mercredi	ste Isabelle.
23	jeudi	s. Mérault.
24	vendredi	s. Mathias.
25	samedi	s. Césaire.
26	DIMANCHE	*Quinquagésime.*
27	lundi	ste Honorine.
28	mardi	Mardi gras.

Epacte,   III.
Lettre dominicale,   A.

MARS

1	mercredi	*Les Cendres.*
2	jeudi	s. Simplice.
3	vendredi	ste Cunégonde.
4	samedi	s. Casimir.
5	DIMANCHE	*Quadragésime.*
6	lundi	ste Colette.
7	mardi	ste Perpétue.
8	mercredi	*Quatre-Temps.*
9	jeudi	ste Françoise.
10	vendredi	s. Blanchard.
11	samedi	s. Euloge.
12	DIMANCHE	*Reminiscere.*
13	lundi	ste Euphrasie.
14	mardi	s. Lubin, évêque.
15	mercredi	s. Zacharie.
16	jeudi	s. Cyriaque.
17	vendredi	ste Gertrude.
18	samedi	s. Alexandre.
19	DIMANCHE	*Oculi.*
20	lundi	s. Joachim.
21	mardi	s. Benoît.
22	mercredi	s. Epaphrod.
23	jeudi	s. Victorien.
24	vendredi	s. Simon, martyr.
25	samedi	ANNONCIATION.
26	DIMANCHE	*Lætare.*
27	lundi	s. Rupert.
28	mardi	s. Gontrand.
29	mercredi	s. Frisque.
30	jeudi	s. Rieul.
31	vendredi	ste Balbine.

AVRIL

1	samedi	s. Hugues.
2	DIMANCHE	LA PASSION.
3	lundi	s. Richard.
4	mardi	s. Isidore.
5	mercredi	s. Ambroise.
6	jeudi	s. Prudent.
7	vendredi	s. Clotaire.
8	samedi	s. Edèze.
9	DIMANCHE	RAMEAUX.
10	lundi	s. Fulbert.
11	mardi	s. Godebert.
12	mercredi	s. Jules.
13	jeudi	s. Marcelin.
14	vendredi	*Vendredi-Saint.*
15	samedi	s. Paterne.
16	DIMANCHE	PAQUES.
17	lundi	s. Anicet, pape.
18	mardi	s. Parfait.
19	mercredi	s. Léon, pape.
20	jeudi	s. Théotime.
21	vendredi	s. Anselme.
22	samedi	ste Opportune.
23	DIMANCHE	*Quasimodo.*
24	lundi	s. Léger.
25	mardi	s. Marc, évangél.
26	mercredi	s. Clet.
27	jeudi	s. Polycarpe.
28	vendredi	s. Vital.
29	samedi	s. Robert, abbé.
30	DIMANCHE	s. Eutrope.

MAI

1	lundi	s. Jacques S. P.
2	mardi	s. Athanase.
3	mercredi	Inv. de ste Croix.
4	jeudi	ste Monique.
5	vendredi	Conv. s. Augustin.
6	samedi	s. Jean Porte latine
7	DIMANCHE	s. Stanislas.
8	lundi	s. Désiré.
9	mardi	s. Nicaise.
10	mercredi	s. Gordien.
11	jeudi	s. Mammert.
12	vendredi	s. Pancrace.
13	samedi	s. Servais.
14	DIMANCHE	s. Pacôme.
15	lundi	s. Isidore.
16	mardi	s. Honoré.
17	mercredi	s. Pascal.
18	jeudi	s. Venance.
19	vendredi	s. Yves.
20	samedi	s. Bernardin.
21	DIMANCHE	s. Hospice.
22	lundi	*Rogations.*
23	mardi	s. Didier.
24	mercredi	s. Donatien.
25	jeudi	ASCENSION.
26	vendredi	s. Quadrat.
27	samedi	s. Hildevert.
28	DIMANCHE	*Octave Ascension.*
29	lundi	s. Maximin.
30	mardi	s. Félix.
31	mercredi	ste Pétronille.

JUIN

1	jeudi	s. Pamphile.
2	vendredi	s. Pothin.
3	samedi	*Vigile-jeûne.*
4	DIMANCHE	PENTECOTE.
5	lundi	s. Boniface.
6	mardi	s. Claude.
7	mercredi	*Quatre-Temps.*
8	jeudi	s. Médard.
9	vendredi	ste Pélagie.
10	samedi	s. Landry.
11	DIMANCHE	*La Trinité.*
12	lundi	ste Olympe.
13	mardi	s. Ant. de Padoue.
14	mercredi	s. Rufin.
15	jeudi	FÊTE-DIEU.
16	vendredi	s. Fargeau.
17	samedi	s. Avit, abbé.
18	DIMANCHE	ste Marine.
19	lundi	s. Gervais.
20	mardi	s. Silvère.
21	mercredi	s. Leufroi, abbé.
22	jeudi	*Oct. Fête-Dieu.*
23	vendredi	s. Andry.
24	samedi	*s. Jean-Baptiste.*
25	DIMANCHE	s. Prosper.
26	lundi	s. Babolein.
27	mardi	s. Crescent.
28	mercredi	*Vigile-jeûne.*
29	jeudi	*ss. Pierre et Paul*
30	vendredi	Commém. s. Paul.

JUILLET			AOUT			SEPTEMBRE		
1	samedi	ste Eléonore.	1	mardi	ste Sophie.	1	vendredi	s. Leu, s. Gilles.
2	DIMANCHE	VISIT. DE LA VIERGE	2	mercredi	s. Etienne, pape.	2	samedi	s. Lazare.
3	lundi	s. Thierry.	3	jeudi	Inv. s. Etienne.	3	DIMANCHE	s. Grégoire, pape.
4	mardi	Transl. s. Martin.	4	vendredi	s. Dominique.	4	lundi	ste Rosalie.
5	mercredi	ste Zoé, martyre.	5	samedi	s. Yon, martyr.	5	mardi	s. Bertin, abbé.
6	jeudi	s. Tranquillin.	6	DIMANCHE	Translat. de N.-S.	6	mercredi	s. Onésipe.
7	vendredi	ste Aubierge.	7	lundi	s. Gaëtan.	7	jeudi	s. Cloud.
8	samedi	s. Procope.	8	mardi	s. Justin, mart.	8	vendredi	NAT. DE LA VIERGE.
9	DIMANCHE	s. Cyrille, évêque.	9	mercredi	s. Amour.	9	samedi	s. Omer, évêque.
10	lundi	ste Félicité.	10	jeudi	s. Laurent, mart.	10	DIMANCHE	ste Pulchérie.
11	mardi	Translat. s. Benoît.	11	vendredi	ste Suzanne.	11	lundi	s. Hyacinthe.
12	mercredi	s. Gualbert.	12	samedi	ste Claire.	12	mardi	s. Raphaël.
13	jeudi	s. Eugène.	13	DIMANCHE	s. Hippolyte.	13	mercredi	s. Maurille.
14	vendredi	s. Bonaventure.	14	lundi	*Vigile-jeûne.*	14	jeudi	Exaltat. ste Croix.
15	samedi	s. Henri, emper.	15	mardi	ASSOMPTION.	15	vendredi	s. Nicomède.
16	DIMANCHE	s. Eustate, évêque	16	mercredi	s. Roch.	16	samedi	s. Corneille.
17	lundi	s. Alexis.	17	jeudi	s. Mammès.	17	DIMANCHE	s. Lambert.
18	mardi	s. Thomas d'Aq.	18	vendredi	ste Hélène.	18	lundi	s. Jean Chrysostôm.
19	mercredi	s. Vincent de Paul.	19	samedi	s. Louis, évêque.	19	mardi	s. Janvier.
20	jeudi	ste Marguerite.	20	DIMANCHE	s. Bernard, abbé.	20	mercredi	*Quatre-Temps.*
21	vendredi	s. Victor, martyr.	21	lundi	s. Privat, évêque.	21	jeudi	s. Mathieu.
22	samedi	ste Madeleine.	22	mardi	s. Symphorien.	22	vendredi	s. Maurice.
23	DIMANCHE	s. Apollinaire.	23	mercredi	s. Sidoine, évêque.	23	samedi	ste Thècle, vierge.
24	lundi	*Jours caniculair.*	24	jeudi	s. Barthélemi.	24	DIMANCHE	s. Andoche.
25	mardi	s. Jacques le Maj.	25	vendredi	s. Louis, roi.	25	lundi	s. Firmin, évêque.
26	mercredi	ste Anne.	26	samedi	Fin des *Jours can.*	26	mardi	ste Justine, vierge.
27	jeudi	s. Pantaléon.	27	DIMANCHE	s. Césaire, év.	27	mercredi	s. Côme, s. Dam.
28	vendredi	Transl. s. Marcel.	28	lundi	s. Augustin.	28	jeudi	s. Céran, év.
29	samedi	ste Marthe.	29	mardi	s. Médéric.	29	vendredi	s. Michel, archang.
30	DIMANCHE	s. Abdon.	30	mercredi	s. Fiacre.	30	samedi	s. Jérôme.
31	lundi	s. Germain l'Aux.	31	jeudi	s. Ovide.			

OCTOBRE			NOVEMBRE			DÉCEMBRE		
1	DIMANCHE	s. Remi, évêque.	1	mercredi	LA TOUSSAINT.	1	vendredi	s. Eloi, évêque.
2	lundi	ss. Anges Gardiens	2	jeudi	*Les Trépassés.*	2	samedi	s. François Xavier.
3	mardi	s. Cyprien.	3	vendredi	s. Marcel, évêque.	3	DIMANCHE	AVENT.
4	mercredi	s. Franç. d'Assis.	4	samedi	s. Charles Borrom.	4	lundi	ste Barbe.
5	jeudi	ste Aure, vierge.	5	DIMANCHE	s. Zacharie.	5	mardi	s. Sabas, abbé.
6	vendredi	s. Bruno.	6	lundi	s. Léonard.	6	mercredi	s. Nicolas.
7	samedi	s. Serge et s. B.	7	mardi	s. Florent.	7	jeudi	ste Fare, vierge.
8	DIMANCHE	ste Brigitte.	8	mercredi	stes Reliques.	8	vendredi	CONCEPTION.
9	lundi	s. Denis, évêque.	9	jeudi	s. Mathurin.	9	samedi	ste Gorgonie.
10	mardi	s. Paulin.	10	vendredi	s. Juste.	10	DIMANCHE	ste Valère, vierge.
11	mercredi	s. Gomer.	11	samedi	s. Martin, évêque.	11	lundi	s. Daniel.
12	jeudi	s. Wilfrid, évêque.	12	DIMANCHE	s. René, évêque.	12	mardi	ste Valérie.
13	vendredi	s. Géraud.	13	lundi	s. Brice, évêque.	13	mercredi	ste Luce, v. mart.
14	samedi	s. Calixte, pape.	14	mardi	s. Bertrand.	14	jeudi	s. Nicaise.
15	DIMANCHE	ste Thérèse.	15	mercredi	ste Eugénie.	15	vendredi	s. Mesmin.
16	lundi	s. Gal, évêque.	16	jeudi	s. Edme, a.	16	samedi	ste Adélaïde.
17	mardi	s. Cerbonet.	17	vendredi	s. Aignan, évêque.	17	DIMANCHE	ste Olympe.
18	mercredi	s. Luc, évangéliste	18	samedi	ste Aude, vierge.	18	lundi	s. Gatien.
19	jeudi	s Savinien.	19	DIMANCHE	ste Elisabeth.	19	mardi	s. Timothée.
20	vendredi	s. Caprais.	20	lundi	s. Edmond.	20	mercredi	*Quatre-Temps.*
21	samedi	ste Ursule, vierge.	21	mardi	PRÉS. DE LA VIERGE	21	jeudi	s. Thomas.
22	DIMANCHE	s. Mellon.	22	mercredi	ste Cécile.	22	vendredi	s. Honorat.
23	lundi	s. Hilarion.	23	jeudi	s. Clément.	23	samedi	ste Victoire, *V. J.*
24	mardi	s. Magloire.	24	vendredi	s. Séverin.	24	DIMANCHE	s. Delphin.
25	mercredi	s. Crépin, s. Cr.	25	samedi	ste Catherine.	25	lundi	NOEL.
26	jeudi	s. Rustique.	26	DIMANCHE	ste Geneviève.	26	mardi	s. Etienne, martyr.
27	vendredi	s. Frumence.	27	lundi	s. Maxime.	27	mercredi	s. Jean, évêque.
28	samedi	s. Simon, s. Juste.	28	mardi	s. Sosthène.	28	jeudi	ss. Innocents.
29	DIMANCHE	s. Faron, évêque.	29	mercredi	s. Saturnin.	29	vendredi	s. Trophime.
30	lundi	s. Lucain, martyr.	30	jeudi	s. André.	30	samedi	s. Sabin.
31	mardi	*Vigile-jeûne.*				31	DIMANCHE	s. Sylvestre.

PHÉNOMÈNES ASTRONOMIQUES DE L'ANNÉE 1863

Diverses Mesures du temps

Année de la période Julienne....... 6578
Depuis la première olympiade d'Iphitus
 jusqu'en juillet.................. 2641
De la fondation de Rome selon Varron. 2618
De l'époque de Nabonassar depuis fé-
 vrier.......................... 2612
Du Calendrier grégorien............. 1865
Des Turcs ou de l'Hégire........... 1281

Comput ecclésiastique

Nombre d'or en 1865............... 4
Epacte........................... III
Cycle solaire..................... 26
Interdiction romaine.............. 8
Lettre dominicale................. A

Saisons

Le Printemps commencera le 20 mars, à 2 heures 15 minutes du soir.

L'Été commencera le 21 juin, à 10 heures 54 minutes du matin.

L'automne commencera le 23 septembre, à 1 heure 9 minutes du matin.

L'Hiver commencera le 25 décembre, à 6 heures 58 minutes du soir.

Fêtes annuelles et mobiles

La Septuagésime............. 12 février.
Les Cendres................. 1er mars.
Pâques...................... 16 avril.
Les Rogations....... 22, 23 et 24 mai.
L'Ascension................. 25 mai.
La Pentecôte................ 4 juin.
La Trinité.................. 11 juin.
La Fête-Dieu................ 15 juin.
L'Avent..................... 3 décemb.

Quatre-Temps

Mars...................... 8, 10 et 11
Juin...................... 7, 9 et 10
Septembre................. 20, 22 et 23
Décembre.................. 20, 22 et 23

Éclipses de l'année 1865

Le 10 avril, éclipse partielle de lune, en partie visible à Paris.

Le 25 avril, éclipse totale de soleil, invisible à Paris.

Le 4 octobre, éclipse partielle de lune, visible à Paris.

Le 19 octobre, éclipse annulaire partielle de soleil, en partie visible à Paris.

JOURS ET HEURES DE LA NOUVELLE ET DE LA PLEINE LUNE

JANVIER. — Les jours croissent de 1 h. 4 m.

P. L. le 4 à 3 heures 52 minutes du soir
P. L. le 11 à 11 heures 9 minutes du soir
D. Q. le 20 à 2 heures 45 minutes du mat.
N. L. le 27 à 9 heures 39 minutes du mat.

FÉVRIER. — Les jours croissent de 1 h. 30 m.

P. Q. le 3 à 1 heure 18 minutes du mat.
P. L. le 10 à 4 heures 36 minutes du soir
D. Q. le 18 à 9 heures 47 minutes du soir
N. L. le 25 à 8 heures 12 minutes du soir

MARS. — Les jours croissent de 1 h. 48 m.

P. Q. le 4 à 0 heure 28 minutes du soir
P. L. le 12 à 10 heures 51 minutes du mat.
D. Q. le 20 à 0 heure 45 minutes du soir
N. L. le 27 à 5 heures 37 minutes du mat.

AVRIL. — Les jours croissent de 1 h. 38 m.

P. Q. le 3 à 1 heure 28 minutes du mat.
P. L. le 11 à 4 heures 37 minutes du mat.
D. Q. le 18 à 11 heures 29 minutes du soir
N. L. le 25 à 2 heures 23 minutes du soir

MAI. — Les jours croissent de 1 h. 17 m.

P. Q. le 2 à 4 heures 14 minutes du soir
P. L. le 10 à 8 heures 32 minutes du soir
D. Q. le 18 à 6 heures 49 minutes du mat.
N. L. le 24 à 10 heures 59 minutes du soir

JUIN. — Les jours croissent de 1 h. 14 m.

P. Q. le 1 à 8 heures 31 minutes du mat.
P. L. le 9 à 9 heures 50 minutes du mat.
D. Q. le 16 à 0 heure 2 minutes du soir
N. L. le 23 à 8 heures 7 minutes du mat.

JUILLET. — Les jours décroissent de 58 m.

P. Q. le 1 à 1 heure 50 minutes du mat.
P. L. le 8 à 8 heures 36 minutes du soir
D. Q. le 15 à 4 heures 36 minutes du soir
N. L. le 22 à 6 heures 29 minutes du soir
P. Q. le 30 à 7 heures 18 minutes du soir

AOUT. — Les jours décroissent de 1 h. 36 m.

P. L. le 7 à 5 heures 38 minutes du mat.
D. Q. le 13 à 9 heures 51 minutes du soir
N. L. le 21 à 7 heures 26 minutes du mat.
P. Q. le 29 à 11 heures 56 minutes du mat.

SEPTEMBRE. — Les jours décroissent de 1 h. 42

P. L. le 5 à 2 heures 1 minute du soir
D. Q. le 12 à 5 heures 7 minutes du mat.
N. L. le 19 à 10 heures 55 minutes du soir
P. Q. le 28 à 2 heures 56 minutes du mat.

OCTOBRE. — Les jours décroissent de 1 h. 44 m.

P. L. le 4 à 10 heures 41 minutes du soir
D. Q. le 11 à 3 heures 31 minutes du soir
N. L. le 19 à 4 heures 37 minutes du soir
P. Q. le 27 à 3 heures 59 minutes du soir

NOVEMBRE. — Les jours décroissent de 1 h. 17

P. L. le 3 à 8 heures 12 minutes du mat.
D. Q. le 10 à 5 heures 55 minutes du mat.
N. L. le 18 à 11 heures 9 minutes du mat.
P. Q. le 26 à 3 heures 8 minutes du mat.

DÉCEMBRE. — Les jours décroissent de 14 m.

P. L. le 2 à 6 heures 54 minutes du soir
D. Q. le 10 à 0 heure 22 minutes du mat.
N. L. le 18 à 4 heures 54 minutes du mat.
P. Q. le 25 à 0 heure 40 minutes du soir

CONSIDÉRATIONS GÉNÉRALES SUR LA FRANCE

EN L'AN DE GRACE 1865

Depuis soixante ans, la France a conquis, dans le domaine des mondes, une place dont elle doit être fière, et qui, nous n'en doutons pas, la dirigera dans la voie du progrès, basé sur l'ordre des idées.

En effet, examinons les diverses phases de notre civilisation depuis l'année 1789, d'où date, pour la nation, une sorte de régénération sociale, et nous pourrons nous rendre un compte exact de la situation de la France, au point de vue industriel, artistique, scientifique et littéraire.

Sous l'Empire, un héros-législateur refait notre Code civil, relève les autels chrétiens, abattus par la Révolution, et dicte des lois au monde entier.

Sous ce règne glorieux, nous voyons les arts reprendre leur place au soleil de l'intelligence; l'agriculture se développer à l'aide des découvertes et des inventions nouvelles ; l'industrie fleurir et reconquérir, aux yeux de l'Europe, une place depuis longtemps perdue ; — nous voyons aussi la Société se rasseoir sur ses bases, et toute une génération de nobles, par la gloire et le talent, s'élever et léguer son nom à la postérité.

La coalition européenne précipite le Géant des batailles du haut de son Trône et le jette traîtreusement sur un rocher ! C'en est fait de l'Empire et de la gloire!

La Restauration arrive, ceinte de l'olivier de la paix, et, avec le concours d'hommes généreux et dévoués, elle produit, sinon une ère glorieuse, du moins un règne sous lequel lequel le progrès marque une nouvelle étape dans les Annales politiques des temps modernes.

Tout à coup, la Révolution de 1830 éclate ! Cette révolution emporte dans son souffle ardent un monarque trop faible pour tenir le sceptre royal à une époque d'ébulition sociale, et pose les jalons d'une civilisation nouvelle.

Le roi Louis-Philippe, homme sage et éclairé, ramasse la couronne dans les barricades de Juillet, et fonde, sur ces deux principes : *Liberté, ordre public,* une monarchie *constitutionnelle.*

Partisan de la paix, le roi-citoyen laisse de côté les lauriers de Bellone et s'occupe de réaliser les vastes plans conçus sous le règne de Napoléon 1er.

Des canaux sont ouverts sur tous les points de la France ; l'agriculture est encouragée, les découvertes les plus importantes, telles que l'application de la vapeur, l'emploi du gaz pour l'éclairage, etc., etc., sont mises à l'ordre du jour, et l'on voit s'établir les chemins de fer, ces grands éléments civilisateurs, qui bientôt domineront le monde.

Paris est transformé, éclairé, assaini ; les hôpitaux sont soumis à des réformes importantes, et des établissements de charité publique sont sont élevés sur tous les points de la France. Les arts prennent un nouvel essor et produisent une pléiade d'artistes illustres, tels que Gérard, Horace Vernet, Ingres, Flandrin, Gérôme, etc., etc ; la littérature enfante Lamartine, Victor Hugo, Georges Sand, Balzac, Alexandre Dumas, Thiers, Mignet, Dulaure, Norvins, Cousin, Villemain, Guizot, Augustin Thierry, et une myriade d'autres écrivains dont le nom traversera les âges.

La Révolution de 1848 surgit tout à coup et anéantit avec elle ce brillant passé, pour faire place à des hommes nouveaux. Rien ne paraît d'abord ! — Je me trompe : Napoléon III s'élève à l'horizon politique, et la France, avec son instinct admirable des grandes choses, se jette dans les bras du Neveu de Napoléon 1er.

Bientôt l'Empire reparaît, et avec ce Gouvernement national se relèvent le commerce, l'agriculture, l'industrie, les arts et la littérature moderne.

Le réseau ferré s'étend d'un bout de la terre à l'autre ; *de l'Orient à l'Occident ;* des monuments gigantesques se dressent comme par enchantement ; le Louvre se termine, et Paris, la capitale du monde, se transforme en une ville éternelle, sillonnée de larges boulevards, garnis de palais splendides.

Partout de l'air, du travail, de la joie, du bonheur ; car le marteau frappe, la truelle travaille, l'architecture occupe des bras ; — le peuple est heureux.

L'agriculture a aussi son développement ; des Comices sont organisés dans tous les départements et délivrent de nobles encouragements à l'homme des champs. Disons plus, l'Empereur place lui-même, chaque année, à la boutonnière d'un certain nombre de laboureurs, la croix de la Légion d'honneur.

La littérature suit aussi sa marche ascendante, quoiqu'en cherchant, parfois, les aspirations de l'avenir dans les traditions du passé. Elle marque le pas, car elle a besoin de se dégager des utopies de certains rêveurs, pour redevenir pure, éclatante et vraie dans ses principes philosophiques.

Parlerons-nous de la gloire ? — A quoi bon ? Sébastopol, Magenta et Solferino, ainsi que l'affranchissement de l'Italie, ne sont-ils pas les fleurons impérissables de la couronne de lauriers du régime impérial ?

Terminons ce rapide coup-d'œil analytique de l'état de la France, à l'approche de 1865, par l'appréciation d'un grand écrivain politique de la presse contemporaine.

« La France, en 1865, sera la première nation du monde, car déjà, à l'intérieur, elle est puissante, féconde et illustre par ses grands hommes ; à l'extérieur, elle est forte et respectée. L'Europe sait que son Souverain n'a d'autre ambition que le bonheur de ses sujets et la prospérité des peuples. »

Après ces paroles prophétiques, il ne nous reste plus rien à constater ; nous saluerons seulement, en ces termes, l'année 1865 :

Sois la bienvenue, toi qui qui succèdes à une année fertile en grands événements ; sois la bienvenue, car tu portes dans ton sein, comme ta devancière, le germe de tous les éléments de la civilisation et du bonheur universel ; tu as pour exergue : *Travail, bonheur, liberté ?* Sois donc la bienvenue, année 1865 !

ADOLPHE HUARD.

PRÉDICTIONS DROLATIQUES ET SÉRIEUSES

POUR CHAQUE MOIS DE L'ANNÉE 1865

Par M. Mathieu.

Janvier.

Pendant ce mois, à Paris, les jambes des danseurs et des danseuses se croiseront à la hauteur de l'œil. En province, dans les bals de famille, où se forment les unions plus ou moins lointaines, se délasseront l'esprit et se lasseront le corps. L'habitant des chaumières fera de bonnes lectures au foyer domestique, et l'*Almanach du Siècle illustré* aura un succès colossal. Les mamans et les jeunes filles voudront déjà être à l'année suivante pour avoir encore de jolies histoires intéressantes et de belles gravures. S'il pleut ou fait du brouillard, pas de gelée; mais si le soleil est vif et l'air sec, il pourra bien faire froid.

Février.

Les jours s'allongent sensiblement; on sent déjà l'influence du printemps qui se fait sentir de loin. Le carnaval a ses folies comme d'habitude. Des maris dupés, des amants trompés, des intrigues de toutes sortes, cachées sous le masque de la Folie; voilà le bilan de ce mois intermédiaire de l'année. Il a, généralement, de la neige et de la pluie; cela dépend beaucoup de l'atmosphère. Notre astronome Mathieu croit que la lune brillera dans tout son éclat, si elle n'est obscurcie par les nuages, la brume ou la neige.

Mars.

'Mois belliqueux, — cette année, tu en seras quitte, comme précédemment, pour des bavardages. Il n'y aura de guerre que parmi les écrivains, les philosophes et les utopistes; ces guerres-là ne sont pas dangereuses. Quelques jours de soleil et une température plus douce ranimeront les cœurs et les espérances des gens de la campagne, ces pères nourriciers des grandes villes. Quelques jeunes filles deviendront amoureuses de jeunes gens, et tout cela finira par de bons mariages, en avril ou en mai, la saison des lilas, des roses, des hannetons et des amours.

Avril.

Le poisson de ce mois d'attrappes sera toujours frais, et l'on verra plus d'un gogo souscrire à l'emprunt de l'huile de navets, hypothéqué sur les fanes de carottes. On continuera à élever des lapins et à ne pas s'en faire *douze cents livres de rente*. Plus d'un citadin ver-

tueux ira voir lever l'aurore. — Les giboulées de mars viendront en avril, si toutefois elles ne sont pas venues en mars. Il y aura de la sécheresse dans les pays privés d'inondation, et des inondations dans les pays manquant de sécheresse. Ces nouvelles astronomiques ne seront pas, nous le garantissons, en opposition avec celles publiées par l'Observatoire de Paris.

Mai.

Joli mois de mai, quand reviendras-tu? apporter des feuilles pour charmer ma vue?... Ce vieux dicton n'est plus, hélas! à l'ordre du jour; les révolutions planétaires l'ont changé. Le mois de mai est humide, crotté, froid et venteux; aussi, cette année, on lui fera la nique en portant des manteaux fourrés, des cache-nez Macaire et des gants de poil de lapin. Les amoureux seront à la limonade, et les petites dames se chaufferont leurs ongles roses devant un feu de cheminée moscovite. Quelques braves paysans boiront, néanmoins, une bonne bouteille sous la tonnelle; pour ces enfants de la nature, le mois de mai est encore une vérité, car, à la campagne, il fait toujours beau et il ne fait jamais froid. L'oisiveté des villes donne froid à l'âme et au corps; le travail des champs réchauffe le cœur et les membres. On croit que les côtes de la Manche verront quelques naufrages, si toutefois le calme des vents ne change pas cette direction; mais, pour sûr, il pleuvra ou ventera quelque part.

Juin.

Le mois de juin sera chaud, beau, et verra beaucoup de monde aux eaux. Saint-Médard, ayant donné son parapluie à raccomoder, ne fera pas pleuvoir le jour de sa fête, ce qui fait que l'été sera sec, sans humidité, et que les cri-cri feront entendre leurs frottements mélodieux à l'approche de la moisson, qui pourrait bien être excellente. Il y aura des melons à Paris, des pêches à Montreuil, des pois à Clamart et des haricots à Soissons, peu importe les vents du nord ou du midi. La pluie et le beau temps se feront, non-seulement dans l'atmosphère, mais encore partout où le besoin s'en fera sentir; il ne manquera pas de gens qui se chargeront de seconder la nature dans cette partie de sa tâche. Des épinards, des cerises, des radis, de l'oignon et du persil en abondance, voire même du petit salé.

Juille .

Il fera chaud pendant les jours caniculaires, et les bains froids auront du monde. Toutefois, s'il faisait frais, ce pourraient bien être les bains chauds qui eussent les baigneurs. La moisson commencera sous de bons auspices et au milieu des gais refrains des travailleurs des champs. La gerbe du pauvre restera sur la terre, et il trouvera à glaner la part du bon Dieu. Quelques jours de pluie rafraîchiront le temps et ne feront de mal à personne; encore ne pleuvra-t-il pas partout à la fois. Il y aura une éclipse qui nous fera voir clair la nuit, et noir le jour.

Août.

Mois chaud, et qui verra se célébrer la fête du plus grand Souverain de la terre. On distribuera des récompenses aux enfants travailleurs; les paresseux n'auront rien, ce qui les rendra jaloux de leurs camarades. *Rien n'est envieux comme la paresse.* Tout le monde prendra ses vacances, et les affaires se ralentiront un peu. L'homme des champs se préparera à la vendange, tout en emmagasinant sa moisson. Les jeunes filles danseront aux fêtes de villages avec de jeunes gas, qui leur déroberont, par ci, par là, un bon gros et franc baiser, gage de fiançailles, le plus souvent. Le temps sera comme il viendra, ni trop sec, ni trop humide, à la volonté du bon Dieu.

Septembre.

Les chasseurs commenceront à faire entendre le son du corps et le gibier à se cacher plus que jamais. Les repas d'intérieur seront nombreux, et un vin généreux, pétillant dans les verres, resserrera les liens de la famille. Les étudiants embrasseront de bon cœur leur papa, leur maman, leurs sœurs, leurs cousines, oncles, tantes, et profiteront de l'entrain d'un bon dîner pour se faire pardonner les peccadilles de l'année, et tirer, en cachette, une carotte à la maman, toujours si faible pour son *grand garçon, qui sera ben savant, dà!* On ne s'occupera pas du temps; il viendra comme il voudra.

Octobre.

La vendange se terminera, le raisin étant mûr partout, et plus d'un brave vigneron répétera, en mettant la grappe dans la cuve, ce refrain devenu national :

> Je songe, en remerciant Dieu,
> Qu'ils n'ont pas en Angleterre.

Personne ne crachera sur la vendange, et 'on commencera, dans la chaumière, à calcu-ler les résultats de l'année, pour acheter un lopin de terre. Plus d'un *boursier* demandera de l'argent, à 100 pour cent d'intérêts, pour tripotter; mais le paysan, toujours sage et prévoyant, préférera 3 ou 4 pour cent, avec sécurité, qu'un gros intérêt hypothéqué sur les brouillards de la Seine. On commencera à voir des pluies et des brumes; l'aquillon se fera sentir sur les côtes : gare aux naufrages !

Novembre.

Les brouillards se montreront; avec la *Toussaint* et *les Morts* commencent les longues veillées d'hiver. La 62ᵉ édition de l'*Almanach du Siècle illustré* sera sous presse, car tout le monde s'arrachera, dans la chaumière, ce charmant Recueil, bourré de nouvelles intéressantes. La rentrée des vacances se fera à Paris; elle sera, pour les étudiants, vive et animée; pour les magistrats grave et sévère; quant aux avocats, ils se prépareront à bavarder de façon à ratrapper le temps perdu pendant les vacances, temps qu'il consacrent, dit-on, à faire de l'esprit. On commencera, à Paris, à reprendre les soirées, et plus d'une partie d'écarté, de dames ou de loto, sera l'origine d'un mariage, riche ou pauvre, selon la condition des joueurs. Plusieurs filles de portières entreront au Conservatoire dans l'intention de devenir artistes. Partout les théâtres rivaliseront de zèle pour amuser le public; les acteurs sauront bien leurs rôles, les chanteurs chanteront juste et les pièces seront amusantes. Quant à la pluie et au beau temps, attendre le Bulletin de l'Observatoire, pour se prononcer, quarante-huit heures après.

Décembre.

Le mois sera froid ou humide, selon la température; mais avec du feu on s'en apercevra beaucoup moins. Les grands papas raconteront, à la veillée, les traits héroïques du règne de Napoléon Iᵉʳ; les bonnes mamans verseront une larme en souvenir d'un fils perdu à Wagram, à Eylau, à Waterloo; les amoureux chuchotteront tout bas, pendant que le fils cadet fera la lecture à la veillée. A Noël, on fera *réveillon,* après avoir toutefois rendu, à l'église du village, l'hommage au petit enfant Jésus, qui déposera, en retour, dans le sabot du marmot de la maison, son petit présent de bienvenue.

En somme, l'année 1865 aura été, comme les précédentes, bonne et douce aux honnêtes gens, qui vivent de leur travail au milieu des joies de la famille. Il y aura des douleurs vives, qui s'effaceront devant le souvenir vénéré d'une existence d'honneur et de vertus.

Pour copie conforme :

ADOLPHE HUARD.

LE BAYEUR AUX CORNEILLES

LÉGENDE POPULAIRE

> Travaillez, prenez de la peine,
> C'est le fonds qui manque le moins.

Dans une salle basse de la ferme de Vauxel, située en Beauce, trois personnes se trouvaient assises, un soir d'automne. L'une d'elles était une charmante jeune fille de seize ans; les deux autres étaient de robustes gaillards, âgés de vingt-cinq ans environ, et fils de Jacques Duvignau, enterré depuis quinze jours.

Jeannette, la jeune fille, orpheline et nièce de Jacques, faisait, depuis longtemps, partie de la maison; et, en mourant, Jacques l'avait léguée à celui de ses fils qui saurait lui convenir comme mari.

Les deux frères, Antoine et Martial, n'avaient aucun point de ressemblance dans le caractère. Antoine était calme, patient, calculateur et aimant l'agriculture; Martial, au contraire, était enthousiaste et rêveur. L'un ne pouvait rester en place; d'une imagination vagabonde, il semblait ne désirer que ce qu'il n'avait pas; l'autre toujours content, marchait à pas comptés dans toutes ses entreprises, dans tous ses travaux, et, semblable à la tortue de la fable, avait pour précepte : *qu'il vaut mieux avancer doucement que de s'exposer à tomber en route.*

Ce soir-là, les deux frères partageaient l'héritage paternel. La table, placée au coin du feu, était encombrée de papiers et de contrats; à l'autre extrémité de la vaste cheminée, Jeannette faisait machinalement tourner son rouet, qu'arrosait de temps en temps une larme donnée à la mémoire de son bienfaiteur.

Antoine, en sa qualité d'aîné, faisait les comptes.

— Martial, dit-il, nous ne nous sommes jamais disputés ensemble; par conséquent, nous n'avons pas besoin de notaire pour partager notre bien, n'est-il pas vrai?

— Comme tu voudras, frère.

— Eh bien! voici ce que j'ai établi pendant la journée : à toi le champ des Aulnets, le pré des Orties et la futaie du Saut-du-Loup; ça vaut le tout 9,000 francs. A moi le mobilier de la ferme que nous exploitons pour finir le bail du père, la luzerne de Beauvoisin et le champ des Poules, total aussi 3,000 écus. Plus, 6,000 francs argent, pour chacun, tous frais déduits.

— Accepté, fit Martial.

— Maintenant, frérot, il nous reste un devoir à remplir; il s'agit de la cousine Jeannette.

La jeune paysanne tressaillit, laissa tomber sa quenouille et se leva aussitôt.

— Ecoute, Jeannette, reprit Antoine, notre père a recommandé qu'on prenne soin de ton avenir; veux-tu rester à la ferme?

— Avec plaisir, cousin, répondit-elle.

— C'est ton opinion? frère, dit Antoine.

— Oui, répliqua Martial.

— Je reconnais bien-là ton cœur.

— Jeannette est une bonne fille, qui te sera utile!... Ainsi, pas tant de reconnaissance!... Maintenant, dit Martial en se rapprochant de son frère; écoute-moi, — Antoine, veux-tu de mon bien en terres contre tes 6,000 francs en argent?

— Qu'en veux-tu faire? tu as une mauvaise pensée?...

— Réponds d'abord.

— Oui, j'accepte. Explique-toi.

— Frère, tu sais que j'aime peu l'agriculture, quoique ce soit l'état dans lequel notre père m'a élevé... Je te cède donc mes terres contre ton argent. Demain matin, je partirai pour Paris.

— Hein! exclama Antoine, stupéfait.

Un cri s'éleva, Jeannette était évanouie. Lorsque les soins eurent ranimé ses sens, Antoine prit un ton sévère et prononça lentement ces mots :

— Ecoute, Martial, je suis ton aîné, j'ai donc le droit de te parler haut et juste. Tu abandonnes l'état de ton père, qui t'a toujours donné du pain, soit; ce n'est pas bien, mais tu es libre, car les rêveurs comme toi n'aiment pas beaucoup le travail pénible.

— Frère!...

— Laisse-moi achever. Tu veux aller à Paris, c'est mal. Dans cette ville, dont tu n'as pas l'expérience, tu perdras tout ce que tu possèdes, et rappelle-toi que ton héritage a été amassé par Jacques Duvignau, à la sueur de son front.

— Frère, tu es mon aîné, c'est vrai, mais je suis libre de mes actions. Assez de morale; demain, je partirai.

— Vous partirez, dit Jeannette, essuyant une larme qui roulait sur sa joue.

Martial hésita un instant; puis, partant d'un éclat de rire forcé, il se croisa les bras.

— Ah ça! dit-il, vous me prenez donc pour un imbécile! Mais, j'ai des idées dans la tête, moi;... je ferai à Paris, des entreprises très-belles, avec mes 12,000 francs! alors, vous viendrez tous deux près de moi.

Cet homme était coulissier dans les bas-fonds de la Bourse.

— Quand ça? demanda Jeannette, presque heureuse du bonheur apparent de Martial.

— Dam! je ne sais pas... dans un an, peut-être bien deux... ou trois... quand j'aurai fait fortune!

— Ah! soupira tristement Jeannette, en regardant son cousin Antoine.

Le paysan comprit ce regard.

— Ami Martial, dit-il, permets-moi un dernier conseil... un seul, s'empressa-t-il d'ajouter, sur un mouvement d'impatience de son frère. Je vais te répéter les paroles de notre brave père, et tu dois trop de respect à sa mémoire pour ne pas m'entendre. Notre père avait dans sa pensée que tu ne serais pas heureux un jour; aussi, bien souvent, dans les champs, nous causions de toi : « Martial, me disait-il, c'est un rêvassier et un *bayeur aux corneilles;* il s'imagine que le pain pousse tout fait; veille sur lui, fils, tu me feras bien plaisir quand je serai là-haut... » Je suis bon frère, moi, Martial, je veux veiller sur toi... je travaillerai pour deux, si ça t'oblige; mais ne t'en va pas... prouve à notre père que tu n'es pas un bayeur aux corneilles, que tu as du

cœur, et puis aussi que tu aimes un peu Jeannette... dis, frère, veux-tu?...

Et le brave Antoine pressait et embrassait
les mains de Martial, Jeannette aussi, et ils
pleuraient tous deux comme des enfants.

Mais Martial resta l'œil sec; bien plus, il ri-
cana de plus belle, les traita de visionnaires,
affirma qu'il partirait le lendèmain, qu'il ferait
fortune, et que leur père avait eu tort de lui
donner un sobriquet aussi ridicule que celui
de : *bayeur aux corneilles*.

Le lendemain, en effet, le frère d'Antoine
prit place dans la diligence qui passait au bout
village.

Quand il fallut se séparer pour tout de bon,
Antoine attira Martial à part :

— Si tu as jamais besoin de moi, dit-il avec
âme, viens frapper à ma porte, tu me trouveras toujours prêt à partager avec toi. Va,
et à toi je garde un bon souvenir dans le cœur.

La diligence s'éloigna. Antoine fut obligé
de ramener Jeannette jusqu'à la ferme; la pauvre fille était pâle comme une morte; Martial,
l'ingrat, avait oublié de lui dire adieu.

Laissons-les les tous deux à leur chagrin,
qui n'avait pas sa source dans le même motif,
et suivons Martial dans sa nouvelle existence.

Le campagnard arriva à Paris, dont il n'a-
vait pas l'expérience; son frère avait touché
juste à cet égard. Tout d'abord, heureux de
voir la grande ville, fier d'avoir de la monnaie
sonnante dans sa bourse de cuir, il perdit un
temps précieux à visiter ce que la capitale a
de curieux, — et, certes, elle contient ma-
tière à curiosité. Puis, un jour, il songea qu'il
était venu à Paris pour tenter la fortune, et il
commença à réfléchir sur ce qu'il pourrait entreprendre. Pour être juste, nous devons avouer
que, par manière d'acquit, il avait écrit à son
frère qu'il regrettait bien de l'avoir quitté, et
qu'à chaque minute, il pensait à lui ainsi qu'à
Jeannette; mais, dans le fond du cœur, il les
trompait tous deux, et ce fut la seule fois qu'il
donna, en deux ans, de ses nouvelles au pays.
Nous le savons déjà, outre qu'il n'était pas fort
travailleur de sa nature, Martial avait le cerveau
pétri d'idées qui se chassaient les unes les autres; ce fut sa perte; il s'imagina que, puisqu'il avait travaillé la terre, il devait connaître
la valeur des instruments oratoires. Il acheta
une petite boutique de quincaillerie, rue Saint-
Martin, et, pendant quelques mois, fut tout entier à son commerce.

Comme il avait la mauvaise habitude de raconter ses affaires à tout le monde et d'entas-
ser, pour l'avenir, projets sur projets, il ne manqua pas d'auditeurs et même de conseilleurs.
Un intrigant lui vanta divers systèmes de
commerce impossibles à réaliser, et l'endoc-
trina de telle façon que Martial plaça ses fonds
dans une association dont la raison sociale
était : *duperie*. Il perdit toutes ses avances;
cela devait être. Le rêve passé, il entrevit une
triste réalité; car il avait négligé son commerce

pour courir après une chimère, et, en établis-
sant la balance de ses comptes, il s'aperçut,
tout penaud, qu'il avait perdu une grande partie de son héritage.

— La quincaillerie ne me convient pas; mon
intelligence ne peut s'astreindre aux détails de
boutique, cherchons autre chose.

Il vendit son fonds moitié moins de ce qu'il
lui avait coûté, et s'en alla aux Champs-Ely-
sées rêver de nouveau aux moyens de faire
fortune.

Il rêva de la sorte encore un mois durant, et
finit par conclure qu'on risquait moins à servir
les autres qu'à se servir soi-même. On l'accep-
ta comme commis dans un magasin de draperie. Mais, au bout de quelque temps, ses bé-
vues continuelles le firent gronder. Les autres
commis le plaisantèrent sur ses airs de poète
manqué, d'homme déclassé, et le fait est qu'ils
n'avaient pas tout à fait tort. L'essence de Martial était de tout entreprendre et de ne rien
continuer; nature incomplète, il avait besoin
d'une leçon frappante pour sagement réfléchir;
la leçon ne lui manqua pas.

Tout nouveau, tout beau; tel était son prin-
cipe; son père avait eu raison de le baptiser le
bayeur aux corneilles.

Un de ces hommes dont Paris regorge et
qui se créent une existence par leurs petites
infamies, avait deviné Martial et s'était lié avec
lui.

Cet homme, nommé Durand, était coulissier
dans les bas-fonds de la Bourse; il persuada à
Martial que, dans ce palais seulement, la fortune se cachait, et le Beauceron quitta sa place,
qui lui valait du moins un morceau de pain,
retira de chez ses patrons les quelques mille
francs qui lui restaient, et se mit à tripoter les
petites valeurs en compagnie de Durand.

Le malheureux, s'il eût lu la fable de *Ber-
trand et Raton*, il ne se fût pas placé en de
semblables griffes.

Durand était adroit, par cela même qu'il
n'était pas honnête. Nous ne raconterons pas
tous les moyens qu'il employa pour faire passer
les sous de Martial de sa poche dans la sienne;
mais toujours est-il que des 6,000 francs qui
lui restaient après avoir vendu son fonds de
quincaillerie, Martial ne possédait plus rien,
deux mois après avoir quitté l'établissement de
draperie.

Alors, seulement, il s'aperçut qu'il avait été
volé; mais Durand lui prouva, clair comme le
jour, que ce n'était que le résultat de spécula-
tions malheureuses, et le frère d'Antoine, le
fiancé de Jeannette, se demanda, pour la première fois : comment vivrai-je demain.

Sa pensée se reporta vers la maison de son
père, la ferme de Vauxel. Hélas! depuis bien
longtemps il l'avait oublié!...

Sa raison lui cria d'y retourner, mais la
fausse honte l'emporta.

— Non, dit-il, mécontent de lui-même,

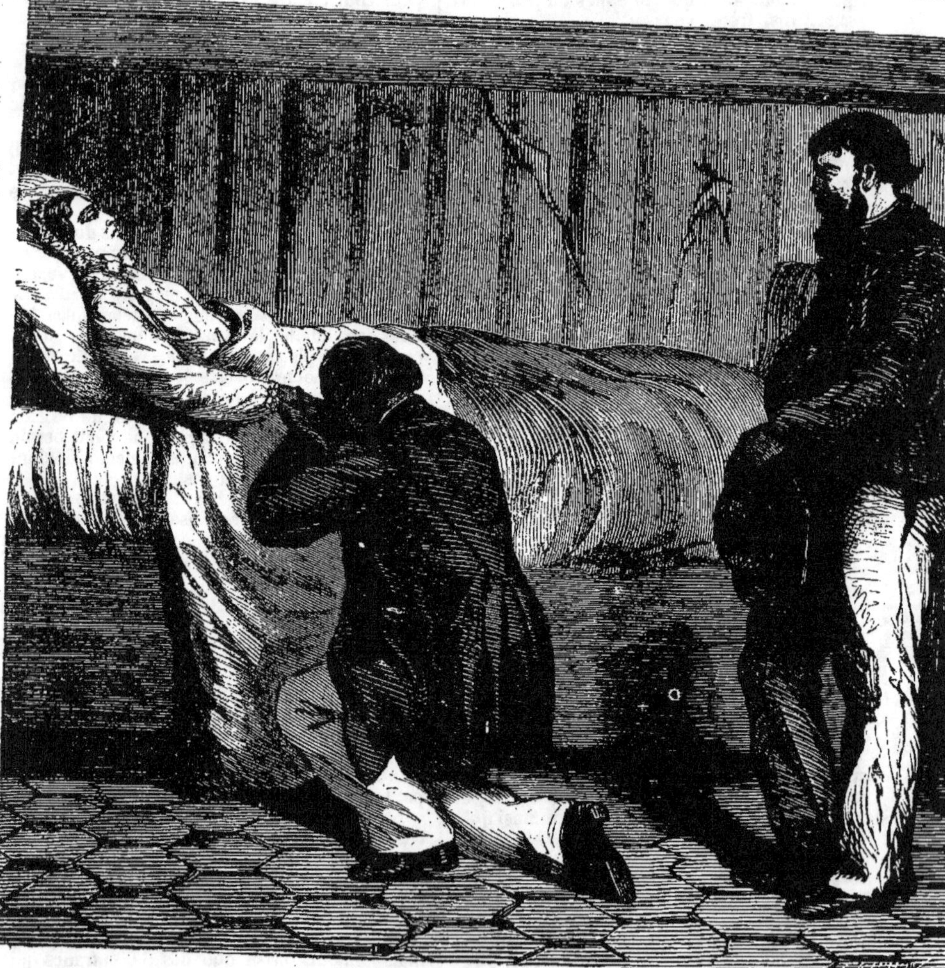

Jeannette était morte en son absence.

Antoine et Jeannette se moqueraient de moi!...
e resterai.

Martial resta en effet, mais le découragement s'était emparé de lui. Il travailla juste pour vivre; sa vie se composa de privations; il tomba malade, et pour lui s'ouvrit une de ces maisons de Dieu, où de saintes femmes consacrent leurs veilles à la souffrance. On le porta à l'hôpital.

Ce n'est qu'après de longues journées qu'il en sortit, débarrassé de tout mal, il est vrai; mais isolé, sans ressources et incapable de rien faire.

En ce moment, les paroles de son frère Antoine se retracèrent ardentes à son esprit affaibli:

« Si tu as jamais besoin de moi, viens frapper « à ma porte, tu me trouveras toujours prêt à « partager avec toi. »

— J'irai, s'écria Martial, dût-il me chasser, j'irai!

L'insensé, comme il connaissait mal son frère! Il dut faire à pied un chemin qu'il avait autrefois si joyeusement parcouru en voiture. Il se cacha le jour, craignant d'être arrêté comme vagabond. Quand arrivait le soir, il demandait, dans les fermes, un morceau de pain; mais, parfois, il était rebuté ou servi comme un pauvre chien.

Quel triste retour il dut faire sur lui-même !

Enfin, n'étant plus qu'à quelques lieues de Vauxel, il crut pouvoir se montrer au soleil. Vers les quatre heures, il aperçut le clocher du village, et son cœur bondit d'aise. Les bouffées d'air natal qui vinrent le frapper au visage ranimèrent son espérance.

Il s'avança plus léger; toutefois, au loin, les cloches sonnaient, et il lui sembla qu'elles n'avaient pas le même tintement que d'habitude.

— On dirait qu'elles pleurent, observa-t-il.

A la porte de la ferme, Martial frappa, et, sans attendre la réponse, il entra. La salle basse était vide. Cela lui sembla encore étrange. Il s'assit devant le foyer éteint et attendit.

Bientôt Antoine parut; il était vêtu de noir. A sa vue, Martial baissa la tête, honteux des haillons qu'il portait.

Mais rien ne peut tromper le cœur d'un frère; Antoine le reconnut, poussa un cri, et le serra dans ses bras. Pendant quelques minutes, ils ne purent parler, l'émotion les étouffait.

Puis, quand ils rompirent ce serrement fra-ternel, Antoine, d'un coup-d'œil, comprit la triste réalité, et soudain, par un mouvement sublime, étreignit plus cordialement encore son frère.

— Pauvre ami ! murmura-t-il en sanglottant.

— Et... Jeannette ? hasarda Martial.

A ce mot, Antoine prit son frère par la main, et tous deux sortirent, silencieux comme des ombres. Ils arrivèrent bientôt au cimetière, et Antoine désigna du doigt un monticule de terre fraîchement remuée :

— Elle est là depuis une heure; elle est morte de ton absence.

Martial ne l'avait pas entendu; Dieu venait de lui retirer sa raison...

Un voyageur passant, ces temps derniers à Vauxel, remarqua un homme, jeune encore, mais dont les cheveux avaient blanchi. Il conduisait la charrue du riche fermier Antoine, son frère, et marchait toujours rêveur.

Les gamins du village, dans leur méchanceté enfantine, l'avaient surnommé : *Martial, le bayeur aux corneilles.*

C'est ce même voyageur qui m'a raconté l'histoire que je viens de transcrire.

Adolphe Huard.

Au loin, tintaient les clochettes des troupeaux reprenant le chemin de l'étable.

LE CHATIMENT DE L'IVRESSE

I

C'était en 1844.

La conscription avait eu lieu au village de Sermaise.

Jean-Pierre avait amené le numéro cinq, et, lorsque le Conseil de révision eut déclaré que Jean-Pierre était bon pour le service, sa feuille de route lui fut envoyée, et il dut se préparer à partir.

La famille du conscrit versa bien des larmes; la vieille Mathurine, surtout, fut inconsolable, car, malgré les défauts de son fils bien-aimé, elle était mère avant tout... et quelle mère ne pardonne pas les défauts de son enfant!

Jean-Pierre était brave, nous devons le dire, et, depuis qu'il devait être soldat, il plaçait au-dessus de tout la carrière militaire; il dédaignait même les autres professions, et parfois, à ce sujet, il s'était ameuté maintes querelles parmi ses camarades.

Mais ce n'est pas pour cette cause qu'ils le virent partir avec satisfaction.

Jean-Pierre avait un vilain défaut; il se grisait. Dans l'ivresse, ses bonnes qualités disparaissaient complètement, et la brute remplaçait alors l'homme civilisé.

On doit comprendre qu'à la veille de son départ, le nouveau disciple de Mars s'adonna au plaisir, sous prétexte d'adieux à son pays natal. — Cette façon d'agir existe assez généralement dans toutes les parties de la France.

Enfin, sonna l'heure de la séparation.

Amis et parents firent la conduite à Jean-Pierre, une heure environ plus loin que le village de Sermaise. Lorsque les dernières poignées de mains s'échangèrent, la recrue chantait à tue-tête; les dernières recommandations, le dernier baiser de Mathurine furent donnés en vain... Jean-Pierre était ivre; il s'éloigna en trébuchant.

Sa première étape était désignée à quelques lieues de là.

On lui donna son billet de logement chez le plus riche fermier de la contrée.

II

La nuit commençait à étendre lentement ses voiles. — Au loin tintaient les clochettes des troupeaux reprenant le chemin de l'étable.

Les oiseaux, dans un plaintif ramage, venaient de saluer le coucher du soleil, lorsque Jean-Pierre, marchant cahin-caha, car il avait fait encore plusieurs libations en route, ouvrit la porte de la ferme où il devait passer la nuit.

Dans la cour se trouvait un vénérable vieillard, dont les cheveux blanchis inspiraient le respect. Ce vieillard était M. Gervais. Sa vie laborieuse avait mérité l'estime et la considération qui s'attachent aux services rendus.

— Ohé! là... la maison! cria Jean-Pierre, sans voir d'abord M. Gervais.

Ce dernier s'avança.

— Qu'y a-t-il pour votre service, demanda-t-il d'une voix douce et comprenant bien vite l'état dans lequel se trouvait le nouvel arrivant.

— Ah! ah! c'est vous qui êtes le patron?... eh! bien, voilà mon billet de logement, faites-moi donner à souper et un bon lit.

Le vieillard prit le papier que lui tendait Jean-Pierre, puis, considérant le soldat avec un malicieux sourire :

— Je crois, fit-il, qve vous avez plutôt besoin du lit que du souper.

— Qu'est-ce que c'est! hurla l'ivrogne; pas de plaisanterie, s'il vous plaît!... Je suis soldat, vous êtes marchand de bestiaux, faudrait tâcher de baisser un peu pavillon; eh! vous, là, papa... à boire !

M. Gervais, avec beaucoup de patience, fit entrer Jean-Pierre dans la grande salle de la ferme, lui fit signe de s'asseoir devant une table, et parla tout bas à l'oreille d'un garçon de ferme. — Ce dernier sortit.

Jean-Pierre chantonnait et maugréait. — Le vieillard se plaça en face de lui.

— Dans quel régiment êtes-vous incorporé? lui demanda-t-il.

— Dans le 71e... mais qu'est-ce que ça peut vous faire?

— Oh! rien. Toutefois, vous êtes jeune, vous me paraissez intelligent, et j'ai peur que vous ne fassiez pas votre chemin.

— Et pourquoi ça?

— Eh! eh!... dam!... c'est qu'avec votre tête, le plaisir pourrait bien l'emporter sur le devoir... prenez garde !

— Ta, ta, ta, des phrases!... Je vous demande un peu à quoi que vous êtes propre, vous, mon vieux... à soigner vos bêtes, voilà tout.

— L'agriculture, mon ami, est aussi une belle profession.

— Il n'y a que le métier de soldat, zézaya Jean-Pierre, en frappant sur la table; c'est le premier métier du monde.

— Chacun a son utilité, continua M. Gervais, qui avait son idée.

En ce moment, le garçon de ferme apporta une cruche de grès et deux verres. M. Gervais versa, c'était de l'eau.

Jean-Pierre, que la discussion avait échauffé outre mesure, ne connut plus de bornes alors à sa colère. Il vit une mystification dans ce qui n'était qu'une douce leçon, et, se levant avec rage, il brisa son verre sur le carreau avec un geste de mépris, et se leva.

M. Gervais était vigoureux, malgré son âge. Il saisit le bras de Jean-Pierre, le serra comme dans un étau, et, d'un mouvement rapide, il fit asseoir le jeune homme.

— Assez! dit-il d'une voix solennelle, assez! Il est honteux pour la France d'être servie par de tels défenseurs!... Soldat, vous aviez besoin d'une leçon, et c'est un soldat aussi qui vous la donne.

M. Gervais, écartant sa blouse, fit voir sur la boutonnière de son gilet le ruban de la Légion d'honneur.

— Qu'on mène coucher cet homme, continua-t-il, et que demain on le renvoie au point du jour !

Et il se retira en dominant Jean-Pierre de toute la hauteur de son regard.

Le soldat était atterré. — En un instant, la raison lui revint; il se laissa conduire, sans prononcer un mot, dans la chambre qui lui était destinée.

III

Le premier levé dans la ferme, le lendemain, fut Jean-Pierre. Il descendit de sa chambre; quelques minutes plus tard, M. Gervais le trouva se promenant dans la cour.

— Monsieur, dit le fils de Mathurine, en s'avançant vers lui, hier soir, je vous ai offensé, j'étais ivre; je vous en demande pardon ! —

M. Gervais lui tendit franchement la main.

— Très-bien, jeune homme, répondit-il, vous réparez noblement vos torts. Mais, permettez-moi de vous raconter une petite histoire, vous en ferez votre profit.

Tous deux, ils entrèrent dans le jardin, se placèrent sous un berceau de chèvrefeuille, car le soleil dardait déjà ses chauds rayons, et M. Gervais commença :

— Comme vous, à vingt ans, je partis. J'avais toujours été heureux, dans ma famille; mais, enfant gâté, j'avais contracté le fatal défaut de l'ivrognerie.

Le rouge monta au front de Jean-Pierre.

— Au régiment tout alla bien d'abord. La nouveauté de la situation frappa mon esprit; j'aimais l'état militaire, j'oubliai presque mon défaut... Hélas! chassez le naturel, il revient au galop!... Six mois après mon incorporation, je me grisais de plus belle. Il me fallait une leçon... la leçon fut terrible. Écoutez-bien, mon ami.

M. Gervais passa la main sur son front, comme pour se rappeler ses souvenirs, mais réellement pour cacher une sueur abondante qui venait de s'en échapper.

Jean-Pierre écoutait attentivement. Le vieillard continua :

— Dans ma ville de garnison j'avais fait connaissance d'un ouvrier, père d'une petite fille de huit ans. — J'allais chez lui passer mes instants de sortie, et parfois, je l'avoue à ma honte, nous nous livrions à des libations forcées, qui nous faisaient à tous deux perdre la raison. — Didier était son nom; il avait servi sept années, et laissé dans sa compagnie une réputation intacte de bravoure et d'honneur. — Un jour que nous étions complétement gris, une querelle s'éleva. — Le motif consistait dans une appréciation que je fis des soldats et des ouvriers. Selon moi, ou plutôt, selon ma raison perdue, Didier ne devait plus être brave, puisqu'il avait cessé d'être soldat. — A peine ces mots s'étaient-ils échappés de mes lèvres que Didier me souffleta. — Il y avait des témoins à cette action, nous dûmes nous battre.

M. Gervais fut encore obligé de s'arrêter; sa voix semblait éteinte dans sa poitrine.

Enfin, plus maître de lui, il reprit :

— C'est en vain que je retirai ma fatale appréciation, quand le sang-froid m'eût fait envisager la portée de mes sottes paroles. L'insulte ayant eu lieu devant témoins, Didier ne voulut rien entendre. — J'allai plus loin; il était père de famille, je... lui fis des excuses; il fut impassible. Nous croisâmes le fer... quelques secondes après, j'avais fait une orpheline.

Des larmes s'échappèrent des yeux du vieillard. Jean-Pierre, instinctivement, lui serra la main.

— Oh! châtiment de l'ivresse, continua le fermier, vous êtes terrible!... A partir de ce moment, je jurai de ne plus porter un verre de vin à mes lèvres, et je me suis tenu parole.

— Et... l'orpheline? demanda Jean-Pierre.

— L'orpheline a été recueillie par ma famille; mais sa mère était devenue folle après mon sinistre duel, et à quelque temps de là, l'enfant mourut aussi. — Moi, j'ai continué la carrière des armes; vingt fois, dans la mêlée, j'ai couru au-devant des balles; je n'ai gagné que la gloire, sans pouvoir chasser mes remords.

Cette histoire assombrit le front de Jean-Pierre; il venait de comprendre le châtiment de l'ivresse.

IV

Après le déjeuner, M. Gervais se prépara à reconduire son hôte.

C'est à regret que le jeune soldat vit approcher le moment du départ.

Déjà il n'était plus le même; on eût dit qu'une révolution s'était accomplie dans tout son être.

Le passé se présenta à sa mémoire; il vit les larmes de sa mère, quand il se livrait à son malheureux défaut, et il éprouva le dégoût profond de l'ivresse.

Jean-Pierre était déjà changé.

Bras-dessus bras-dessous, avec le vieux fermier, ils prirent le chemin de l'étape suivante.

Mais en cheminant on cause, et les nouveaux amis causèrent.

— Permettez-moi une question, demanda Jean-Pierre.

— Avec plaisir, mon ami, répondit M. Gervais.

— A votre avis, quel est le plus utile à son pays, du cultivateur ou du soldat?

— Oh! oh! jeune homme, ceci est une question grave. — A mon avis, tous deux sont d'une utilité première. Le soldat consacre son sang à la défense de la patrie; le cultivateur travaille pour donner à tous la nourriture du corps.

Et M. Gervais fit voir au jeune homme tous les biens de la terre, dont le secret d'existence est entre les mains de Dieu.

La conversation de l'honnête homme jeta une bonne semence dans l'esprit du soldat, car M. Gervais eut soin de mêler à ses définitions les plus beaux préceptes de la Religion chrétienne. Il sût enfin lui inspirer le respect de la Providence et la soumission à ses décrets.

Mais il fallut se quitter.

Le vieillard et le conscrit s'embrassèrent cordialement, et, bien bas, ce dernier murmura :

— Je vous le jure, monsieur, je ne boirai plus !

Et en échangeant une dernière poignée de main :

— Je vous remercie, ajouta-t-il encore, vous venez de graver dans mon cœur la leçon que je dois suivre. Le premier des états est celui de l'honnête homme. En pensant à Dieu, à ma

Une fois même, il fut atteint d'une superbe blessure.

mère et à vous, je suis sûr d'obtenir l'estime de tous!

Jean-Pierre servit son pays avec zèle, avec honneur ; une fois, même, il fut atteint d'une superbe blessure.

De retour dans ses foyers, et se souvenant des conseils de M. Gervais, il se fit agriculteur, et jamais un pauvre ne sortit de sa maison les mains vides.

Si vous passez par Sermaise, vous pourrez voir encore la vieille Mathurine s'appuyant sur le bras de son fils chéri, Jean-Pierre, surnommé l'honnête homme ; Jean-Pierre s'est toujours rappelé du châtiment de l'ivresse.

ADOLPHE HUARD.

UNE FANTAISIE

DU CARDINAL DE RICHELIEU

—

NOUVELLE HISTORIQUE

A la suite de la fameuse Journée des Dupes, qui arriva le 11 novembre 1630, Richelieu obtint du roi Louis XIII les pleins pouvoirs qui lui étaient nécessaires pour se venger de ses ennemis. Cette victoire du cardinal coûta la vie au maréchal de Marillac et détermina l'exil définitif de la reine-mère, Marie de Médicis.

Richelieu s'était montré jusqu'alors subtil, multiforme et persévérant dans ses idées fixes; mais s'il avait toujours su dominer la colère qui surexcitait sa nature ardente, — surtout lorsque cette colère pouvait le compromettre, — à dater du jour où son ambition fut complètement satisfaite, il changea sa manière de voir.

La Cour de France devint inhabitable pour qui n'était pas créature dévouée de l'ancien évêque de Luçon; et, s'il se fit pardonner bien des torts par la fondation immortelle de l'Académie française, le cardinal, vieilli avant l'âge, laissa plus d'une tache dans l'histoire, en se livrant aux instincts sanguinaires qui rembrunirent les dernières années de sa vie.

Cette cruauté se dévoila surtout à l'époque où le fils de Louis XIII vint au monde, en l'année 1638. Il est vrai que Richelieu souffrait d'une maladie aiguë, mais aussi, comme il en convenait lui-même, gorgé de puissance, d'honneurs et de richesses, il essaya de ranimer, par des sensations inconnues jusqu'alors, les fibres de sa nature qui ne vibraient plus au contact des généreuses inspirations.

Tant que duraient ses accès de fièvre, le ministre cherchait un appui moral dans tout ce qui l'entourait; les accès passés, les emportements et les fureurs d'un cerveau affaibli reparaisssaient soudain, et, joints à un entêtement incroyable, produisaient plus d'un évènement lugubre.

C'est à la suite de ces souffrances que cet homme, dont le nom avait jusqu'alors illustré la France, signa l'arrêt de mort de Saint-Preuil, gouverneur d'Arras, et résolut la perte du grand écuyer de Louis XIII, Cinq-Mars, marquis d'Effiat.

C'est de ce dernier seulement dont nous allons parler; sa mort restera comme un éternel stigmate sur la gloire du cardinal, et comme une preuve de la faiblesse impardonnable des plus grands caractères, lorsqu'ils cèdent aux passions que la Providence a dû mettre dans leurs cerveaux, à l'égal des autres hommes de la création.

Cinq-Mars, marquis d'Effiat, était à juste titre honoré de la considération publique. Il avait, dit un de ses contemporains, la mine ouverte et enjouée, les traits nobles, les manières très-franches, tout l'air, en un mot, qui convient à un gentilhomme brave et loyal.

Dans la vie privée, il savait apporter une délicatesse à toute épreuve, et s'était attiré, par son bon cœur, l'amitié inaltérable d'un autre gentilhomme, M. de Thou. Cinq-Mars apportait également, dans les devoirs de sa charge auprès de Louis XIII, un zèle qui lui avait mérité plus d'une fois de flatteurs compliments et d'honorifiques récompenses; il était aimé du roi, qui l'appréciait dignement, et lui pardonnait quelques défauts inhérents à la nature humaine, tels que le désir si doux de paresser mollement à ses heures de loisir, et d'aimer avec ardeur la belle Marion Delorme, qui habitait un hôtel de la place Royale, au Marais.

Cette affection du roi pour le grand écuyer portait ombrage au cardinal. Hélas! c'est un crime de ne savoir, en certaines occasions, plaire aux puissants, et Cinq-Mars paya cher l'antipathie qu'il inspirait au premier ministre, arrivé, à la suite d'une crise plus douloureuse que les précédentes, à ne vouloir plus autour de lui que de plats valets.

Toutefois, avant de prendre une résolution extrême, il fit proposer secrètement au gentilhomme de renoncer au service de Sa Majesté. La réponse du marquis d'Effiat fut noble et fière:

— Je ne reconnais qu'un maître, dit-il, c'est celui qui porte sur sa tête la couronne de toute une génération de Souverains. Peuple et ministres doivent n'être, comme moi, que ses humbles serviteurs!...

A la communication de cette réponse, Richelieu entra d'abord dans un accès de rage qui mit sa vie en danger; puis, lorsque ses idées eurent repris leur calme habituel, le sort de Cinq-Mars était décidé. Néanmoins, il fallait, pour mettre à exécution ce sanguinaire dessein, une occasion qui ne causât nul scandale à la Cour, où le marquis était généralement aimé.

Un matin, à dix heures environ, Richelieu reposait encore au Louvre, dans son large lit à rideaux de soie brodés, lorsqu'on vint lui apprendre qu'on avait découvert une conspiration dirigée par Fontrailles, et dans laquelle étaient entrés les princes et le ministre d'Espagne, Olivarès.

Pendant qu'on lui racontait les principaux détails de cette conspiration, Richelieu semblait réfléchir. Soudain, une idée germa dans son esprit ; il se dressa sur ses oreillers, son visage devint rayonnant.

— Citez-moi les noms des complices ? demanda-t-il avec un sourire ironique.

Le capitaine des gardes les lui fit connaître. Quand il eut terminé :

— Vous oubliez un personnage... ajouta le cardinal.

— Non, Eminence, je vous jure !...

— Alors, vous êtes mal informé ; ma police secrète a été plus habile que vous. A la suite des noms que vous avez écrits déjà, ajoutez celui de Cinq-Mars, marquis d'Effiat.

— Mais, Eminence, c'est le grand écuyer du roi !...

— Ecrivez...

— Il n'est pas coupable... sa conduite est irréprochable, et l'opinion publique...

— L'opinion publique, c'est moi !... Ecrivez sans réplique, ou je vous casse de votre grade.

Le capitaine dut obéir ; il plaça le nom de Cinq-Mars à côté de celui de Fontrailles, et se retira.

Resté seul, Richelieu partit d'un sardonique éclat de rire, et se frottant les mains :

— Allons, allons, pas mal joué pour un vieux ministre, se dit-il ; je viens de me passer là une bonne fantaisie de malade.

Et il se rendormit, après avoir toutefois recommandé à son valet de chambre de ne le réveiller que si le roi daignait en personne lui rendre visite.

Le soir-même, Cinq-Mars, accompagné de son ami de Thou, se rendait à la place Royale, lorsqu'il fut arrêté.

L'ordre d'arrestation portait la signature du cardinal de Richelieu.

— Ah ! je devine, s'écria le grand écuyer, en souriant ; on se débarrasse de moi parce que je porte ombrage et parce que le roi, en badinant, m'a appelé un jour : *mon cher ami.*

Le gentilhomme ne se doutait pas, en ce moment, que la veille il avait pour la dernière fois adressé des fleurs et des vers à la belle Marion Delorme.

Le procès de la conspiration de Fontrailles eut lieu sans éclat, et Cinq-Mars, enveloppé dans un réseau d'accusations mensongères, fut condamné à mort.

La même peine fut prononcée contre de Thou, dont le seul crime était une amitié pure et dévouée pour Cinq-Mars. Mais les deux frères de cœur se soutinrent courageusement dans cette terrible épreuve et ne redoutèrent pas la mort qui, pour eux, n'était que la continuation d'une affection sainte.

Néanmoins, si le cardinal était implacable dans sa sentence injuste et sanguinaire, il n'osa, devant la réprobation universelle qui s'éleva dans le royaume, faire exécuter les deux amis aux abords de son palais.

Cinq-Mars et de Thou furent dirigés sur Lyon, et c'est dans cette ville, sur la place des Terreaux, que se dressa pour eux l'échafaud accusateur de Richelieu. De Thou, qui possédait plus de force morale que son ami, le laissa passer le premier aux mains de l'exécuteur... la tête tomba. Quand vint le tour de la victime de l'amitié, le bourreau, mal habile, ne réussit qu'au deuxième coup de hache à séparer le crâne du corps... L'injustice était cruellement accomplie.

Peu de temps après, Marie de Médicis mourait à Cologne en pardonnant à Richelieu, son persécuteur. Enfin, dans cette même année de 1642, qui semblait marquée par la fatalité, le cardinal rendit son âme à Dieu, le 4 décembre, après des souffrances intolérables.

Nous trouvons, dans un manuscrit de l'époque, la cause des instincts sanguinaires de Richelieu pendant ses dernières années. Elle est contenue dans une réponse de M. Méranne d'Amberton à un gentilhomme.

« Lorsque le cardinal est dans ses crises de maladie aiguë, dit M. d'Amberton, son sang se corrompt et l'agonie le tourmente. Avec de telles infirmités sur le corps, et un bourreau sous la main, on est capable de tout. »

TURPIN DE SANSAY.

LES COMPAGNONS DE L'ABSINTHE

Hourrah pour l'absinthe! hourrah pour cette liqueur fatale qui a emprunté sa couleur à la décomposition des cadavres! hourrah! pour l'absinthe! car elle tue le corps et l'intelligence; elle chasse l'homme pour accaparer la brute... hourrah pour l'absinthe!

Je la recommande aux blasés, cette consolation souveraine; elle parut un jour sur terre, pudiquement accompagnée de Paresse et Lâcheté; — Suicide conduisait le char à grandes guides.

Et depuis elle s'est impatronisée partout, au salon, dans la mansarde, dans la rue, dans les cafés, dans les bouges et dans les réceptacles orduriers qu'on nomme estaminets, tabagie empestée, où gît la jeunesse qui s'étourdit, où divague la vieillesse qui se grise.

C'est dans un de ces estaminets que je vais introduire le lecteur.

Ils étaient douze, je les ai tous connus. Régulièrement chaque jour, à midi, ils s'installaient au fumoir de *la Pistache*, rue Montpensier, et ce fumoir leur était réservé, car ils formaient bande à part, et on les avait surnommés les compagnons de l'absinthe.

Ils arrivaient tristes et sombres, bohèmes désœuvrés que la passion a meurtris, et ils s'installaient, sans mot dire, sur un divan usé, en se saluant langoureusement de la main.

Le garçon avait sa consigne. A chaque nouvel arrivant, il apportait un verre d'absinthe, lentement, sans se presser, comparse obéissant d'une comédie quotidienne.

A une heure, on renouvelait les verres. A deux heures, la trinité verdâtre s'avançait. A cinq heures, on jouait et on causait de tout et de rien. A six heures, on ne dînait pas... — Quand donc mangeaient les Compagnons de l'absinthe? — A dix heures, ils étaient gris, l'orgie roulait, les verres se brisaient, et les confidences suivaient.

Ils avaient tous une passion qu'ils cherchaient à tuer par l'absinthe, pauvres parias de l'amour, de l'art ou de l'absinthe! — Au deuxième verre, ils rêvaient la passion satisfaite, et ils étaient heureux.

Tous les douze, ils étaient poètes, artistes ou savants; réunis par la communauté du malheur et de la paresse, ils se faisaient une réputation de camaraderie, et parfois se couronnaient de leurs propres mains, lorsque minuit sonnait.

Qu'ils étaient beaux à voir dans leur ivresse! Les teints animés supportaient des fronts rayonnants, et l'on regrettait que leurs cœurs ne fussent pas découverts; on les eût peut-être vus scintiller d'une lueur surnaturelle.

Ils s'étaient donné des sobriquets, les compagnons; l'un, n'éprouvant plus de surexcitation au dixième verre, s'appelait *Jean-qui-se-tue*; l'autre, attaqué dans son essence nerveuse, était baptisé *Tremble-au-vent*; l'autre enfin... mais laissons l'allégorie pour la réalité.

Depuis quelques jours, l'estaminet de *la Pistache* était fréquenté par un nouveau compagnon. Il était musicien, il se nommait Léon, voilà tout ce qu'on savait de lui.

Le nombre treize effrayait un peu la bande orgiaque; mais *Jean-qui-se-tue* allait bientôt mourir, et l'ordination de douze reprendrait son cours habituel. — On l'espérait, du moins.

Léon buvait plus que tout le monde. Un jour, ou plutôt un soir, il absorba plus de quinze verres. Il y avait de quoi foudroyer un cerveau. Le compagnon n'éprouva qu'un attendrissement profond; des pleurs s'échappèrent de ses yeux.

— Oui, je l'aime! s'écria-t-il.

La bande prêta l'oreille; — elle allait enfin connaître le secret de son acolyte.

— Oui, je l'aime, continua Léon. Pendant deux mois, je lui ai dédié toutes les mélodies de mon cœur, je me suis traîné à ses genoux... Allons donc, cette femme est de glace!...

— Que fait-elle? demanda *Tremble-au-vent*.

— Elle chante aux Italiens.

— Do, ré, mi, fa, sol, la, si, do, solfia la bande.

— Comment se nomme-t-elle?

— Esperanza.

— Quelle ironie! murmura *Jean-qui-se-tue*, en roulant sous la table.

Léon se cacha la tête dans ses mains.

— Garçon, de l'absinthe! cria-t-il en se redressant.

Mais le garçon, humain avant d'être négociant, le prit à bras-le-corps et le déposa sur le bitume du trottoir. Minuit sonnait. — La bande sortit, et, clopin, clopant, deux par deux, elle se dirigea par la rue Vivienne, du côté des boulevards.

A la hauteur de la rue Le Peletier, lorsque déjà les promeneurs devenaient rares dans la grande ville, Léon aperçut, à quelques pas devant lui, s'avancer une femme, enveloppée d'une mante et le visage couvert d'un voile.

Il s'échancela; puis sa main s'étendit dans la direction de la promeneuse, qui, se croyant remarquée, passa rapidement devant la bande.

Un éclat de rire sardonique vibra dans l'air, et un homme tomba... C'était Léon; la folie venait de l'atteindre.

La femme voilée, c'était Esperanza.

. . . .

— Ainsi donc, vous pensez, docteur, obtenir un résultat?

— Je vous le certifie, madame.

ESPERANZA

` — A quel moment voulez-vous fixer l'expé-
rience?

— Quand il vous plaira.

— Demain soir?

— Je suis à vos ordres.

— A demain.

— Surtout, n'oubliez pas mes recommandations. Votre piano n'est pas assez harmonieux.
Procurez-vous, à l'adresse que je vous ai indiquée, un instrument réellement perfectionné,
et alors je ne doute pas du succès de la
cure.

— Bon docteur, combien je vous remer-
cierai!

— Je serai grandement récompensé, madame,
car j'aurai rendu service à l'humanité et à...
l'amour.

Après avoir baisé la main de sa cliente, le
docteur s'éloigna.

Le dialogue que nous venons de reproduire
avait lieu au premier étage d'un charmant
hôtel du faubourg Poissonnière, habité par Esperanza, soprano du Théâtre-Italien.

L'artiste avait bien vu la scène qui s'était

passée sur le boulevard, à minuit; mais elle devait, avant tout, sauvegarder sa dignité de femme, et malgré que son premier mouvement l'eût portée à venir secourir Léon, elle s'était éloignée, le cœur serré.

Mais, chemin faisant, elle s'était souvenue de tout ce qu'avait fait le jeune homme pour obtenir son amour, et, par un revirement ordinaire dans l'âme des femmes, si pleines de délicatesses exquises, elle se surprit le lendemain à rêver à son tour.

Dès lors, la passion s'empara de son être, subitement, étrangement même. Elle était italienne, ardente et jeune, trois choses qui justifient jusqu'à un certain point l'exaltation des sentiments.

Esperanza fit donc approcher la voiture, et connaissant la demeure de Léon, elle donna l'ordre de l'y conduire.

Hélas! le compagnon de l'Absinthe habitait une mansarde. Un lit et un piano composaient tout son mobilier.

— Quelle souffrance et quelle misère! murmura Esperanza.

Une vieille garde-malade était au chevet de Léon, qui se débattait en ce moment dans une crise affreuse. Esperanza eut peur; néanmoins elle s'avança et tendit la main au pauvre fou.

Léon eut pour ainsi dire un instant de répit à ses tortures; il se dressa sur son séant, regarda fixement la main qu'on lui tendait, puis, sans reconnaître la jeune femme, il retomba dans sa crise, toujours avec ce ricanement sardonique qui ne l'avait pas quitté depuis deux jours.

Esperanza s'enfuit, après avoir jeté sa bourse à la vieille garde-malade; les sanglots l'étouffaient.

Elle se rendit chez un médecin célèbre, qui, joignant le magnétisme à la science, avait opéré de merveilleuses cures; elle le conjura de sauver celui qu'elle aimait.

Le médecin, dès lors, ne quitta presque plus Léon.

Après s'être informé de toutes les causes qui avaient produit l'accident, il profita d'un instant de calme pour faire transporter le malade à l'hôtel du faubourg Poissonnière.

Toutefois, il défendit à Esperanza de lui parler, même de le voir.

Observa-t-elle cette ordonnance?... Nous en doutons. Car, chaque nuit, lorsque le sommeil était venu clore les paupières du pauvre fou, et lui amenait peut-être de doux rêves, une femme, d'un pied léger, entrait dans sa chambre, déposait un baiser sur son front pâli, murmurait quelques mots, bien bas, et se retirait aussitôt en comprimant les battements de son cœur.

Telle était la situation des choses, au moment où le docteur venait de quitter Esperanza, en lui promettant la réussite de la cure.

La chanteuse ne perdit pas une minute.

— Demain soir, répéta-t-elle, il faut qu'il soit sauvé!

Elle se dirigea chez un facteur de pianos qui avait alors la réputation la mieux méritée de perfectionner la pureté des sons.

Là, avec son âme d'artiste, elle promena rapidement ses doigts sur quelques-uns des instruments de cette fabrique, puis elle commanda de faire porter chez elle celui dont l'harmonie l'avait le plus flattée. Ceci fait, elle revint à son hôtel.

— Demain soir n'arrivera donc jamais! s'écriait-elle à chaque instant.

Elle essaya de lire, ce fut en vain. — Pensant que la vue de Léon lui donnerait la patience à laquelle son cœur ne voulait pas se résoudre, elle se dirigea vers sa chambre et entr'ouvrit la porte.

Léon paraissait calme. Ses yeux fixes semblaient poursuivre une vision inconnue, à laquelle son cerveau malade ne pouvait donner de forme.

Esperanza retint son souffle.

Tout à coup une voix rauque, accompagnée d'un orgue de Barbarie, chanta dans la rue :

> Absinthe chérie,
> Charme de ma vie!

A ces paroles, le jeune homme se leva d'un bond, étendit les bras, poussa un cri horrible et retomba brisé.

Esperanza, soudain, avait refermé la porte en pâlissant.

— L'absinthe peut donc tuer l'amour! murmura-t-elle en rentrant dans son boudoir.

Puis, portant la main à son front brûlant de fièvre, elle soupira.

— Que demain est long à venir!

Le soir, elle ferma ses salons aux visiteurs habituels.

Puis, quand elle gagna son lit de repos, entouré de fins rideaux blancs, elle s'arrêta devant sa Psyché :

— Comme je suis changée! dit-elle; me reconnaîtra-t-il, quand il pourra me voir?... Allons essayer de dormir.

Hélas! Esperanza ne dormit pas plus cette nuit-là que les autres; et, dans l'hallucination d'un songe, il lui sembla qu'on enterrait son amour.

. . . .

Le lendemain matin, Esperanza fit prévenir à son théâtre qu'elle ne jouerait pas le soir.

Elle savait fort bien qu'il lui en coûterait la résiliation de son engagement; mais c'est un caprice qu'elle se passait, — l'amour est un si grand seigneur!

Oh! combien lui parurent longues les heures de cette journée d'angoisse!

Nonchalamment couchée sur son canapé de velours bleu, elle suivit des yeux les aiguilles de la pendule, en maudissant leur lenteur.

Quand le jour disparut, elle oublia de de-

Les deux époux rentrèrent attristés dans leur appartement.

mander de la lumière; l'obscurité convenait mieux à l'état de son âme.

Enfin le bruit d'une voiture se fit entendre : elle devina le docteur et son visage resplendit.

C'était le médecin, en effet.

— Ne perdons pas de temps, dit-il; madame, suivez bien mes instructions.

— Parlez, docteur...

— D'abord, faites fermer toutes les tapisseries, qu'aucun bruit du dehors n'arrive jusqu'à nous. Puis qu'un demi-jour seulement nous éclaire...

Esperanza se fit la servante de la science; elle exécuta ponctuellement elle-même ce que le médecin venait de prescrire.

— Maintenant, continua ce dernier, placez-vous à votre piano, et jouez vos plus mélodieuses cantilènes... Ne cessez surtout que sur un signe de ma main.

Esperanza fit résonner l'instrument. Sa pureté sonore éclaircit le front du savant.

— Bien, c'est cela, murmura-t-il.

Alors, il disparut un instant, et bientôt, sur un motif touchant de Mercodante, il rentra soutenant Léon, le pauvre fou, qui regardait autour de lui sans rien comprendre, et qui sourit cependant à la vue de l'artiste.

Le docteur le fit asseoir dans un grand fauteuil, près de la cheminée, et commença quelques passes magnétiques.

Esperanza jouait toujours d'inspiration, avec son cœur, avec son âme ; et, sous ses doigts fébriles, le piano semblait pleurer un hymne d'espérance.

Dieu seul sait ce qui se passe dans le monde des esprits, entre le magnétiseur et son *sujet*.

Esperanza jouait toujours. Mais à l'*andante* avait succédé l'*animato*.

Une demi-heure s'écoula ; puis le médecin fit encore quelques passes, de manière à tenir Léon dans un demi-sommeil.

Alors, tirant de sa poche un flacon verdâtre, il prit un verre sur la cheminée, versa dans ce verre le contenu du flacon, et le présenta au fou.

Léon le prit, et lentement le porta à ses lèvres.

En ce moment, il était en extase. Ses yeux ouverts étaient fixés sur le piano, son âme semblait sortir d'un profond néant.

Esperanza jouait toujours. Pauvre femme, ce n'était plus le piano qui pleurait !...

Mais, à peine Léon eut-il goûté la liqueur verdâtre, qu'il se leva d'un bond, brisa le verre sur le parquet, et, s'affaissant sur lui-même, il murmura d'une voix étranglée :

— Non ! elle brûle... elle attire la mort... elle tue l'amour... oh ! l'absinthe... l'absinthe !

Esperanza s'était arrêtée.

— Mais jouez donc ! cria le docteur, le visage empourpré.

Et le piano continua en *scherzo*, et le médecin revint à son *sujet*.

La crise fut longue encore, mais salutaire.

Lorsque minuit sonna, Léon avait recouvré l'intelligence, et dormait assis sur un tabouret, la tête appuyée sur les genoux d'Esperanza.

Le docteur était parti.

. . . .

Quelques temps après, un mariage se célébrait à la paroisse de Saint-Roch.

C'était le mariage de Léon et d'Esperanza.

En sortant de l'église pour rentrer à leur hôtel, les deux époux passèrent devant la rue Montpensier, devant l'estaminet de *la Pistache*.

Léon voulu connaître le sort des *Compagnons de l'absinthe*; — Esperanza l'attendit dans sa voiture.

Hélas ! *Jean-qui-se-tue* était mort et *Tremble-au-vent* était fou ; les autres s'acheminaient rapidement à la dégradation humaine.

Les deux époux rentrèrent attristés dans leur appartement.

Mais le soir, ils jouèrent ensemble un quatuor sur leur beau piano, et ce quatuor, aux trilles de rossignol, accompagnait des paroles d'amour.

ADOLPHE HUARD.

LE REPASSEUR DE COUTEAUX

(CONTE FANTASTIQUE).

I

ES premières ombres du soir commençaient à descendre dans la vallée, et les chauves-souris voltigeaient aux crevasses de la vieille tour de l'église vibrant encore sous les derniers coups de l'Angelus, lorsqu'une jeune fille entra au cimetière.

Elle s'agenouilla au pied d'une petite croix de bois, sur une tombe encore fraîche, et se mit à prier avec ferveur.

Pendant qu'elle était ainsi prosternée, une ombre s'arrêtait silencieuse à la barrière du cimetière que la jeune fille avait laissée entr'ouverte et s'accoudait sur la crête du mur.

Au même instant, mais du coté opposé, une autre ombre apparaissait silencieuse comme la première, et, comme la première, elle se prit à regarder attentivement dans le champ des morts.

Cependant, la jeune fille s'était relevée, et après avoir jeté quelques fleurs sur la tombe qu'elle était venue visiter, elle se dirigea vers la porte du cimetière, — mais tout à coup elle poussa un cri d'effroi, — elle venait d'apercevoir une forme humaine qui lui barrait le passage.

— N'ayez peur, Madeleine, dit une voix avec douceur, c'est moi, — Willaume, — j'attendais que vous fussiez sortie, pour aller à mon tour visiter la tombe de votre père, mon vieil ami.

Madeleine s'était rapprochée.

— Merci, Willaume, dit-elle avec émotion, et deux larmes mouillèrent ses yeux.

— Vous ferais-je de la peine, demanda vivement Willaume.

Pour toute réponse la jeune fille lui tendit

Une ombre s'arrêtait silencieuse à la barrière du cimetière, que la jeune fille avait laissée entr'ouverte, et s'accoudait sur la crête du mur.

la main, que le jeune homme pressa dans les siennes.

— Du courage! Madeleine, dit-il.

— Merci encore, murmura la jeune fille en s'éloignant.

Willaume entra au cimetière, et Madeleine reprit le sentier du village.

Elle avait à peine fait quelques pas :

— Ah! ah! la belle fille! cria une petite voix aigre qu'elle reconnut aussitôt pour celle de Draak le fermier, — vous allez donc seule vous promener le soir?

— Je viens de prier, monsieur Draak, répondit-elle simplement.

— C'est pour cela que le beau Willaume était aussi de ce côté, ajouta en ricanant le fermier Draak en s'approchant de Madeleine.

La jeune fille rougit, — puis après quelques instants de silence pendant lesquels elle se remit de l'effroi que lui avait causé la rencontre du fermier :

— Willaume est un brave cœur, monsieur Draak et je l'estime — dit Madeleine.

— Ah! ça, répondit insolemment le fermier, qui vous demande de défendre avec tant de feu votre beau Willaume. Je sais que vous l'aimez — mais malheur à lui — murmura-t-il tout bas.

— Bonsoir, monsieur Draak, dit Madeleine en continuant son chemin.

Le fermier ne répondit pas.

C'était un vrai monstre.

II

Autant Willaume était bon et beau, autant Draak le fermier était laid et méchant; petit, les jambes torses, la tête démesurément grosse, les yeux caves et vitreux, c'était un vrai monstre.

La coutume de le voir tous les jours au village faisait qu'on s'était habitué peu à peu à sa laideur; mais quand il allait à la ville voisine pour vendre ses récoltes, tout le monde le regardait avec horreur, et les gamins le suivaient de leurs huées.

C'était un de ces êtres déshérités complétement de la nature et dont la mission sur la terre est de faire le mal! triste mission, sans doute, mais nécessaire!...

Madeleine, la jolie fille du village.

Malgré ses instincts sauvages et méchants, le fermier avait ressenti dans son âme un amour profond pour Madeleine, mais dans ces natures horribles, cet amour n'est pas un bonheur, ce n'est plus la rosée du ciel qui vient sanctifier l'âme et la rendre meilleure, c'est un feu brûlant qui dévore, c'est une folie qui engendre le crime !...

Comme on le pense bien, la pauvre Madeleine n'avait pas répondu à l'amour du fermier Draak, car son cœur, elle l'avait donné depuis longtemps à Willaume le tonnelier.

Sa figure reflétait la bonté et la douceur.

D'un autre côté, loin d'encourager le fermier Draak, Madeleine avait repoussé ses propositions :

— N'espérez jamais, lui avait-elle dit, car j'aime Willaume, et je ne serai à aucun autre qu'à lui.

Mais la passion l'emporta, et Draak avait juré que Madeleine deviendrait sa femme.

Et quand maître Draak voulait quelque chose, il arrivait toujours à ses fins.

Pauvre Madeleine, la voyez-vous entre les bras de ce vilain bossu, car il était bossu aussi maître Draak, j'avais oublié de le dire, voyez-vous le monstre passant ses doigts crochus dans la blonde chevelure de la jeune fille, voyez-vous le brutal prenant un baiser sur ses lèvres.

Quand vous mariez-vous? demanda-t-il tout à coup à Willaume.

Horreur! horreur!...

Oh! non! n'est-ce pas? le fermier Draak n'épousera pas Madeleine, la jolie fille du village?

C'est ce que vous verrez, ami lecteur, si vous vous sentez le courage de continuer ce récit.

III

Quand Madeleine se fut éloignée, le bossu se prit à longer le mur du cimetière, et arriva à la barrière au moment ou Willaume la refermait.

Georges Willaume le tonnelier, était un gros

garçon d'une vingtaine d'années aux allures franches et ouvertes.

Sa figure reflétait la bonté et la douceur.

Willaume avait toujours aux lèvres quelque gaie chanson ou quelque joyeux propos.

Quelquefois, s'il allait au cabaret, il y buvait bien, mais jamais ne s'enivrait : en revanche, quand il était à l'ouvrage, quel travailleur infatigable! comme il frappait gaiement sur ses tonneaux!

Au bruit que fit le fermier en arrivant auprès de lui, Willaume releva la tête.

— N'est-ce pas vous Draak, demanda-t-il.

— C'est moi! répondit Draak, dont les petits yeux brillèrent dans l'ombre; mais qui me parle ainsi? ajouta-t-il comme s'il n'eût pas reconnu le tonnelier — puis comme en ce moment il ne se trouvait plus qu'à quelques pas de son interlocuteur :

— Eh! parbleu! c'est vous, Willaume, dit-il d'une voix doucereuse; je suis enchanté de vous rencontrer, car si vous voulez accepter une bouteille avec moi, j'aurai la compagnie d'un bon enfant, Willaume.

— Ça va, répondit le tonnelier en tendant sa large main au fermier Draak; par saint Georges mon patron, le cabaret de la Grande-Pinte nous verra ce soir choquer nos verres!

Et Willaume secoua gaillardement la main du bossu.

Les deux compagnons se mirent alors à longer les murs du cimetière et suivirent le sentier que Madeleine avait pris quelques instants auparavant.

— Quelle belle soirée! dit le tonnelier.

— Je suis de votre avis, Willaume, répondit le bossu, la brise est douce et la lune est haute, c'est là du beau temps pour quelques jours.

En parlant ainsi, les yeux de Draak lançaient des éclairs, car il haïssait Willaume de toute son âme, et ne pouvait lui pardonner d'être le préféré de Madeleine.

Les deux compagnons arrivèrent bientôt sur la place de l'église et entrèrent au cabaret de la Grande-Pinte.

— Holà! une bouteille et du meilleur, maître Henriquet, dit le fermier Draak en s'adressant au cabaretier.

— Si nous restions sous la tonnelle? dit Willaume.

Draak parut contrarié de cette idée.

— Non, non, dit-il vivement, nous irons dans le cabinet au fond de la grande salle; là, nous serons plus près de la cave, et s'il nous faut plusieurs bouteilles, Henriquet aura moins loin pour aller nous les chercher.

Pendant ce temps, les deux amis entrèrent tout au fond de la salle, dans un petit cabinet duquel Draak eut grand soin de fermer la porte, aussitôt qu'ils eurent été servis.

— A votre santé, Willaume, dit Draak en remplissant le verre du tonnelier.

— A la vôtre, Draak, répondit Willaume.

IV

Depuis deux heures bientôt les deux buveurs étaient attablés, et les brocs de vin se succédaient sur la table.

Le tonnelier était guilleret, mais il conservait néanmoins son sang-froid; le fermier buvait autant de rasades que son compagnon, sans paraître ému.

— Quand vous mariez-vous? demanda-t-il tout à coup à Willaume.

— A Noël prochain, compère. — J'ai consulté ce matin Madeleine à ce sujet, et c'est elle-même qui a fixé cette époque.

— Madeleine!... Madeleine! murmura le bossu.

Puis s'adressant de nouveau à Willaume :

— Vous l'aimez donc bien?

— Si je l'aime! exclama Willaume, mais c'est me demander si j'existe, car mon amour, c'est lui qui me fait vivre, c'est lui qui me donne le courage, c'est lui qui me fait aimer le soleil et les fleurs, c'est mon amour qui me donne la gaieté et la joie; sans lui, je serais triste et sombre, tenez, aussi sombre que vous en ce moment, dit Willaume à Draak, dont les petits yeux méchants étaient fixés sur le visage rayonnant du tonnelier, pendant qu'il parlait ainsi.

En effet, le fermier était pâle et livide, la vengeance torturait son âme, un tremblement nerveux agitait son corps.

— Eh! bien, qu'avez-vous donc? demanda le tonnelier.

— Rien, mon brave Willaume, dit le bossu, c'est l'effet du vin; je crois, Dieu me damne, que ce brigand de cabaretier l'a empoisonné. — Holà! maître Henriquet, cria-t-il de nouveau en frappant avec un broc vide sur la table, apportez-nous du vin!

— Vous avez raison, compère, dit gaiement Willaume, voilà le remède, et c'est moi qui veut vous l'offrir.

Et il se prit à remplir le verre du fermier.

— A vous parler franchement, Draak, continua-t-il, j'ai pensé un instant que c'était l'image de mon amour pour Madeleine qui vous avait rendu triste; car je crois que vous avez été au nombre de ses prétendants; j'ai peut-être eu tort de parler ainsi devant vous; pardonnez-moi, ajouta-t-il en approchant son verre de celui du fermier.

Maître Draak rendit raison à Willaume.

Depuis un instant, les yeux du fermier lançaient des éclairs étranges, et sa main caressait convulsivement la garde de son couteau.

Tout à coup, et au moment où Willaume portait le verre à ses lèvres, l'horrible bossu se jeta sur lui et enfonça son couteau dans la poitrine du tonnelier, qui poussa un grand cri, puis tomba lourdement sur le plancher.

Le bossu le regarda alors quelque temps avec une joie féroce; il voulut ensuite retirer le couteau qu'il avait enfoncé dans le corps de sa victime, pas une goutte de sang ne jaillit, et la plaie se referma aussitôt.

V

Quand le fermier eut accompli son crime, l'épouvante le saisit : si l'on trouvait le cadavre, se disait-il, on se doutera qui a tué le tonnelier, — et Draak craignait la justice.

L'horrible bossu réfléchit quelques instants;

puis, après avoir remis son couteau dans sa gaine et s'être assuré que la porte était verrouillée, il ouvrit une trappe qui donnait sur l'escalier de la cave; la descente était rapide.

— Tant pis, dit-il, le diable aidant, j'arriverai à faire ce que je veux.

Il se baissa alors, et prenant sa victime par les jambes, il attira le cadavre vers l'escalier.

L'horrible bossu se jeta sur lui et enfonça son couteau dans la poitrine du tonnelier.

Le corps du tonnelier glissa lentement sur les planches ; mais quand l'assassin eut descendu quelques marches, la tête de la victime se heurta avec un bruit sourd sur la première pierre de l'escalier.

Treize fois, car il y avait treize degrés à descendre, la tête du pauvre tonnelier frappa sur les pierres ! On eut dit que l'horrible bossu prenait plaisir à entendre ce bruit, car, à chaque fois, un petit rire sec et saccadé sortait de sa gorge maudite.

La sueur coulait le long de ses joues, en effet, malingre et difforme comme il était, c'était difficile à lui de traîner ainsi le cadavre. Quand les treize marches furent descendues, il abandonna

les jambes de la victime, qui retombèrent avec un son mat sur la terre humide de la cave.

Il reprit ensuite le cadavre par les pieds et le traîna jusqu'au fond où étaient de vieilles futailles vides. L'une d'elles était défoncée par les deux bouts; Draak y fit entrer le cadavre de Willaume, puis, réunissant toutes ses forces, il la prit par un bout et chercha à la soulever; mais le tonnelier était lourd, et, par deux fois, Draak faillit être écrasé par la charge; il parvint néanmoins à lever le cadavre.

Le corps de Willaume se trouva ainsi debout, retenu de tous côtés par les parois de la barrique.

Il grimpa sur quelques morceaux de bois

Il la prit par les cheveux et la précipita, avec colère, au fond de la futaille.

placés près de là, et s'efforça, en foulant avec ses mains sur la tête de Willaume, de la faire disparaître dans le tonneau, car la tête de la victime dépassait tout entière !

Ce fut en vain.

Alors le bossu tira pour la seconde ois le couteau qu'il portait toujours à sa ceinture, puis il coupa le cou de Willaume.

Quand la tête fut séparée du tronc, il la prit par les cheveux et la précipita avec colère au fond de la futaille.

Alors il remonta doucement l'escalier, referma soigneusement la trappe, que le cabaretier n'avait pas, dans sa précipitation, aperçue ouverte, puis il ouvrit la petite fenêtre qui éclairait le cabinet, enjamba l'appui et sauta à terre.

Quelques secondes après, il avait disparu dans la campagne.

VI

— Madeleine m'appartient ! disait Draak en regagnant sa ferme, distante d'une lieue environ du village.

Pour y arriver, il lui fallait traverser la grande route ; mais, comme il craignait d'être aperçu, il fit un long détour, se cachant derrière les haies ou dans les fossés, au moindre bruit qu'il entendait.

La nuit était déjà avancée quand le bossu rentra chez lui.

Les deux gros chiens de garde qui étaient dans la cour se mirent à aboyer à son approche.

— Allons, paix ! c'est moi, dit le fermier en refermant la porte derrière lui.

Dans l'ombre, en face de lui, deux yeux se détachaient sur le mur et le regardaient faire.

Les chiens se turent, car ils avaient reconnu la voix du maître.

Draak traversa la cour et se dirigea vers une petite fontaine, à laquelle il puisa de l'eau ; il se prit à laver ses vêtements, car il avait aperçu sur l'étoffe une large tache rougeâtre.

Quand il eut fini, le fermier tira son couteau de sa gaine et se prit à l'examiner ; du sang aussi couvrait la lame ; il chercha à le faire disparaître.

Un vieux grès était auprès de la fontaine, dans la cour ; sur ce grès, les faucheurs, avant de partir au travail, avaient coutume de repasser leurs instruments. Draak pensa que le grain de la pierre aurait bien vite usé les gouttes de sang. Il se mit à genoux et commença à repasser le couteau qui lui avait servi à accomplir son meurtre. Ce fut en vain ; les taches de sang, loin de disparaître, semblaient au contraire devenir plus larges.

— Que Satan me damne ! murmura-t-il en colère, mais ce couteau est maudit ! Et l'affreux bossu voulut continuer son travail.

Au bout d'un instant, il releva la tête et re-

3

cula de frayeur ; le couteau fatal lui échappa des mains et ses cheveux se hérissèrent.

Dans l'ombre, en face de lui, deux yeux se détachaient sur le mur et le regardaient faire.

Draak poussa un cri et s'enfuit ; il venait de reconnaître les yeux de Willaume le tonnelier !

Toute la nuit il erra dans la campagne et dans les bois, en proie à une terreur profonde.

De temps en temps il voulait s'arrêter dans sa course furieuse, mais, comme poussé par une force mystérieuse, il fuyait, il fuyait toujours.

Ses pieds se déchiraient aux ronces des chemins et aux rochers des collines.

Il lui semblait marcher sur des couteaux dont les pointes acérées, en pénétrant dans sa chair, lui arrachaient des cris de rage et de douleur.

Il sentait encore les couteaux entrer dans sa tête et ouvrir son crâne maudit.

L'assassin fuyait, fuyait toujours...

Enfin, lorsque les premières lueurs du jour apparurent à l'horizon, le bossu s'arrêta dans sa course et se prit à rire.

Sa frayeur s'était dissipée avec les ombres de la nuit.

Draak regarda autour de lui, et reconnut l'endroit où il se trouvait.

C'était un sentier couvert qui conduisait à la petite maison de Madeleine.

Le bossu, après quelques instants de réflexion, s'enfonça sous l'ombrage.

Dix minutes après, il frappait à la maisonnette.

La jeune fille allait se mettre au travail, car l'oiseau chantait déjà son angelus du matin, et le vieux berger arrivait avec son troupeau dans la vallée.

Madeleine ouvrit sans défiance ; elle parut néanmoins surprise désagréablement de la visite si matinale du fermier Draak.

— Bonjour, Madeleine, lui dit celui-ci de sa voix la plus doucereuse, je suis porteur d'une bien triste nouvelle qui fera pleurer vos beaux yeux, j'en suis sûr.

— Mon Dieu ! interrompit la jeune fille, serait-il arrivé quelque malheur à Willaume ?

— Oh ! non, mignonne, mais l'amoureux de votre choix, le beau Willaume, a quitté ce matin le pays pour n'y plus revenir.

— Dites-vous vrai, Draak ? demanda la jeune fille avec douleur.

— Je dis la vérité, Madeleine, car Willaume, avec lequel je suis allé hier au cabaret de la Grande-Pinte, m'a confié que son intention, bien arrêtée depuis longtemps, était d'aller travailler dans les grandes villes. « J'ai caché mon dessein à tout le monde, même à Madeleine, m'a-t-il dit entre deux bouteilles, car j'aurais craint de n'avoir pas la force d'accomplir ma résolution, mais je vous charge de lui apprendre mon départ, vous, mon rival d'autrefois, que j'estime cependant et que je

voudrais savoir uni à Madeleine. » Ainsi m'a parlé le bon Willaume, continua hypocritement le fermier, puis il m'a quitté en versant des larmes, et personne ne doit l'avoir aperçu depuis ce moment, car je l'ai suivi des yeux jusqu'à ce qu'il eût pris le chemin de la ville, et je l'ai vu s'en aller à travers les grands chênes, se tournant quelquefois pour regarder le village et me dire un dernier adieu !

Comme Draak finissait de parler, le vieux berger passait non loin de la maisonnette ; la jeune fille l'appela vivement.

— Jérôme, lui dit-elle, avez-vous vu Willaume ce matin ?

— Nenni, petite, dit [...] même [...] m'a fort étonné, et je [...] en cheminant si le brave garçon [...] ade, car dès le petit matin il [...] vrage.

Mais comme le vieil[...] en ce moment la pâleur de la [...]

— Qu'as-tu, fillette ? [...] on, en s'approchant vivement [...] aurais-tu appris quelque fâche[...] concernant Willaume ?

— Il est parti [...]

— Et qui t'a dit [...]

La jeune fille montra [...] fermier Draak, qui depuis un [...] à l'écart et qui semblait fort co[...] Madeleine eût appelé ainsi le vieux[...]

Celui-ci regarda [...] fermier qui baissa les yeux.

— Il ment ! accentua [...] rassure-toi, Madeleine, car j'en[...] maillet résonner sur ses to[...]

En effet, le bruit qu[...] tant à écouter chaque jour [...] dans la vallée et arriva jusqu'à [...]

— Ah ! je le savais bien, [...] jeune fille, Willaume n'aurait pas [...] sans me dire adieu ! Pourquoi venir [...] tromper, ajouta-t-elle en se tournant vers le fermier Draak ; mais à peine eut-elle levé les yeux sur lui qu'elle jeta un cri et recula épouvantée ; le vieux berger lui-même recula de quelques pas ; Draak, l'écume à la bouche, les yeux hagards, la main sur la garde de son couteau, grinçant des dents, tantôt furieux et menaçant, puis tout à coup donnant les signes d'un effroi extraordinaire, prêtait l'oreille au bruit qui arrivait jusqu'à lui.

Il avait reconnu aussi le maillet du tonnelier !

Pendant quelques instants, il resta comme anéanti ; puis, tout à coup, lançant un regard de haine au vieillard et à Madeleine, il prit sa course vers le village.

X

Le jour était déjà grand, les paysans étaient depuis longtemps partis à leurs travaux, les autres vaquaient à leurs occupations dans le hameau : la boutique du tonnelier ne s'ouvrait pas.

— Est-ce que Willaume serait malade, dit un paysan à un autre son voisin. Je ne l'entends

Il sentait encore les couteaux entrer dans sa tête et ouvrir son crâne maudit.

pas chanter ce matin, et à cette heure il devrait être depuis longtemps au travail.

— Il y a quelque chose d'extraordinaire là-dessous, répondit la voisine.

Bientôt il y eut vingt personnes devant la porte du tonnelier.

— Si nous enfoncions la boutique? dit un paysan, car bien certainement il est **survenu** ici quelque malheur.

Et la boutique fut enfoncée.

On ne trouva pas le tonnelier.

— Où peut-il être, se demandaient-ils entre eux.

— L'a-t-on vu hier? demanda un **paysan.**

— Oui, répondirent plusieurs voix ; il est entré vers midi au cabaret de la Grande-Pinte, il était avec le fermier Draak.

— Mauvaise compagnie, dirent plusieurs voix.

En ce moment le bossu tournait la rue, et s'avançait vers le rassemblement.

— Voilà le fermier, dit un paysan, il devra nous renseigner.

— Avez-vous vu Willaume ? demanda-t-on de tous côtés.

Le hideux bossu fit bonne contenance et commença l'histoire qu'il avait racontée à Madeleine et au vieux berger.

Tout le monde parut étonné, mais on n'osa élever des doutes sur le récit du fermier.

Maître Henriquet était venu comme les autres, Draak parut vivement contrarié de le rencontrer.

L'honnête cabaretier s'approcha du bossu :

— J'ai à vous parler, maître Draak, dit-il à haute voix ; venez à la Grande-Pinte et nous boirons ensemble à la santé de Willaume.

— Volontiers, répondit Draak avec assurance.

Maître Henriquet, suivi de son compagnon, rentra chez lui, pendant que les paysans chuchottaient entre eux.

— Restons dans la grande salle, si vous le voulez bien, dit le fermier en voulant retenir le cabaretier qu'il voyait se diriger vers l'endroit où la veille s'était passé l'horrible scène.

Maître Henriquet parut n'avoir pas entendu ; force fut donc à Draak de le suivre.

— Entrez, dit le cabaretier, en faisant passer devant lui le fermier Draak.

Celui-ci hésita ; il n'osait franchir le seuil, l'effroi était répandu sur son visage.

— Qu'avez-vous donc, maître Draak ?

— Rien, répondit le fermier, et il entra dans le cabinet.

Il n'eut que le temps de se jeter sur un banc, car il se sentait défaillir.

Maître Henriquet tira le verrou et ouvrit la trappe que nous connaissons.

— Attendez-moi un instant, dit-il à Draak ; je descends à la cave.

Et les pas du cabaretier résonnèrent sur les marches.

En ce moment l'assassin se souvint du bruit que faisait la tête de sa victime en se heurtant sur la pierre.

Un frisson parcourut son corps et glaça son cœur : il se figura entendre le crâne de Willaume frapper sur les marches !...

Le bossu laissa tomber sa tête hideuse entre ses mains tremblantes, et se blottit effrayé près de la fenêtre.

Quelques instants s'étaient à peine écoulés, que le bruit des pas retentit de nouveau. Draak entendit crier la trappe qu'on refermait, il entendit encore déposer un broc de vin et des gobelets sur la table.

— A votre santé, maître Draak, dit une voix.

Le bossu fit un bond comme s'il eût marché sur un reptile ; il venait de reconnaître la voix du tonnelier.

— Horreur ! cria le fermier en apercevant sur la table la tête de Willaume dont les yeux se fixèrent aussitôt sur les siens.

— A votre santé, maître Draak, reprit la tête en s'approchant du bossu.

Celui-ci, en ce moment, crut entendre comme des cris derrière la porte.

— Entends-tu ? dit la tête en riant.

— Au secours ! voulut crier le bossu ; mais un son rauque sortit seul de sa [illegible].

— Tu vas me prendre [illegible] cheveux, ajouta la tête, car on va venir [illegible] eux que tu sois reconnu pour mon [illegible].

Le bossu étendit les mains [illegible] pour repousser loin de lui cette ho[illegible]on, mais il sentit les cheveux de W[illegible] enrouler autour de ses doigts.

— Ote ton couteau de [illegible] encore la tête.

Mais Draak se cramponn[illegible] main qu'il avait libre à la table de [illegible] ne pas obéir à l'ordre du tonnelier.

A ce moment la tête [illegible] se tourna vers la ceinture du bossu [illegible] couteau avec ses dents.

Draak entendit le bruit [illegible] firent en grinçant sur l'acier.

Le couteau tomba sur le [illegible] chambre.

Des bruits confus arrivaient aux oreilles du fermier, et il lui sembla qu'on [illegible] de frapper à la porte du cabinet.

— Ouvrez, dit tout à coup la [illegible] tonnelier.

— La voix de Willaume ! s'écrièrent plusieurs personnes, ouvrons vite !

Et il sembla encore au bossu qu'on enfonçait la porte.

— Horreur !... s'écria-t-il.

En ce moment il sentit une main se poser sur son épaule.

— Eh bien ! à quoi pensez-vous donc, maître Draak, dit le cabaretier ; allons vidons une bouteille et causons.

Le fermier, les yeux hagards, en proie à la frayeur la plus grande, ne répondit pas à maître Henriquet ; mais, se baissant subitement, il ramassa son couteau, ouvrit la petite fenêtre que nous connaissons, et, comme la veille, il s'enfuit dans la campagne !...

— Le diable s'est emparé de Draak, pensa le cabaretier, qui resta tout ébaubi de la disparition de son compagnon.

VII

Le bossu erra toute la journée dans les bois qui environnaient le village, et il reprit encore sa course furieuse.

Quand la nuit fut bien profonde, il retira son couteau de sa gaîne et voulut le repasser sur une des pierres qui bordaient le sentier où il se trouvait.

Mais quand il approcha l'acier de la pierre, des étincelles jaillirent et lui brûlèrent les yeux.

— Malédiction, dit-il, je suis maudit.

En ce moment il lui sembla entendre tout auprès de lui comme un soupir d'agonie, puis une voix bien connue, car c'était celle de Willaume, cria à ses oreilles ces mots terribles : Repasseur de couteaux ! repasseur de couteaux !

Une pensée horrible de vengeance traversa alors l'esprit du bossu, et il prit en courant le

Il venait encore d'apercevoir la tête de Willaume, dont la figure livide était collée aux carreaux de l'unique fenêtre de la chaumière.

chemin qui conduisait à la maisonnette de Madeleine.

La jeune fille avait appris par les paysans que Willaume était réellement parti ; à cette nouvelle la pauvre enfant s'était mise à pleurer et à gémir.

Elle était à genoux auprès de sa couche, et de longs sanglots soulevaient sa poitrine ; elle avait laissé tomber sa jolie tête entre ses mains, et comprimait son front, comme si elle eût voulu retenir sa raison, toujours sur le point de l'abandonner, tant sa douleur était immense.

Depuis que les paysans lui avaient confirmé l'affreuse nouvelle, Madeleine était dans un état de prostration telle que la jeune fille n'avait pas pensé à refermer la porte de sa maisonnette ; parfois ses yeux se tournaient vers le village, puis elle recommençait à sangloter.

Le vent gémissait au dehors, et la lune était cachée sous les nuages.

— Mon Dieu ! disait Madeleine, pourquoi Willaume m'a-t-il abandonnée ainsi, lui si bon et si loyal ! ma pauvre tête s'égare ; non, ajouta-t-elle tout à coup en se relevant et en écartant avec ses mains sa longue chevelure blonde, toute ruisselante de larmes, non ! Willaume ne peut être parti, l'on veut me cacher quelque malheur !

Entourant la tête de ses bras, elle disparut avec lui.

Et dans son affreux désespoir, la jeune fille fit quelques pas dans sa chambre, comme si elle eût voulu courir au village.

En ce moment la figure hideuse du bossu parut à la porte de la maisonnette, et Madeleine distingua dans la nuit les deux yeux du fermier qui brillaient comme des charbons ardents !

Alors la jeune fille se blottit, effrayée, auprès de son lit, dans le fond de sa petite chambre.

L'horrible bossu avait déjà franchi le seuil de la maisonnette et refermait la porte.

— Au secours ! cria Madeleine.

Draak fit entendre un rire satanique.

— Ecoute, dit-il d'une voix basse à la jeune

Le hideux bossu cloué, avec son couteau, sur la porte de la jeune fille, comme le chat-huant sur le fronton des granges.

fille, je viens t'apprendre ce qu'est devenu Willaume, ton beau fiancé.

— Parlez, je vous en prie, Draak! dit-elle en joignant les mains.

— Willaume est mort, reprit-il lentement, toujours à voix basse, et c'est moi qui l'ai tué.

En parlant ainsi, le bossu cherchait avec ses mains dans l'obscurité l'endroit où s'était réfugiée la jeune fille.

— Horreur ! s'écria Madeleine en entendant ce terrible aveu.

— Ecoute encore, reprit le fermier en rampant vers l'endroit d'où la voix était partie et en saisissant dans ses mains la tête de la jeune fille ; et, lentement, bien lentement, sans omettre aucun détail, il se prit à lui raconter l'horrible scène du cabaret, puis, quand il eût terminé :

— Maintenant, ajouta-t-il avec un rire affreux, c'est cette nuit, la nuit de nos fiançailles, Madeleine ! Et le hideux bossu attira vers lui la jeune fille qui se débattait dans ses bras.

Mais tout à coup il lâcha sa proie et resta immobile ; il venait encore d'apercevoir la tête de Willaume, dont la face livide était collée aux carreaux de l'unique fenêtre de la chaumière.

— Sois maudit ! dit une voix à ses oreilles, et le bossu sentit comme une haleine glacée s'approcher de ses joues.

Un silence de mort régna longtemps dans la la petite chambre de Madeleine ; la jeune fille était étendue sans vie aux pieds du fermier Draak, deux fois assassin.

VIII

Quand le bossu osa lever les yeux, la tête de Willaume avait disparu.

Il enveloppa alors le corps de le jeune fille dans un sac de toile qu'il trouva dans la maisonnette, puis, après avoir chargé le fardeau sur ses épaules, il prit le chemin qui conduisait à la rivière.

Pour y arriver, il lui fallait traverser un bois assez épais, dont les sentiers étaient mal tracés. Parfois le bossu s'arrêtait brusquement et regardait avec effroi autour de lui. Parfois, au détour d'un sentier, il avançait avec précaution, craignant d'être surpris.

Parfois encore il lui semblait voir des fantômes, des ombres mystérieuses se cacher derrière les grands arbres et le suivre, en lui faisant des gestes menaçants.

Des soupirs prolongés venaient frapper son oreille, et des voix intérieures déchiraient sa conscience.

Draak avait les cheveux collés à ses tempes, tant la sueur coulait de son crâne maudit ! Enfin, il arriva dans le chemin de hallage qui conduisait à la rivière.

Les grands peupliers, plantés sur les bords, projetaient leur ombre gigantesque jusque sur la rive opposée.

La nature était calme, le vent dormait dans les feuilles, et l'eau coulait silencieuse comme une tombe, unie comme un miroir.

Draak déposa son fardeau sur le bord du fleuve.

La fraîcheur de la nuit avait sans doute ranimé la pauvre victime, car tout à coup elle fit d'énergiques efforts pour se débarrasser de l'affreux vêtement qui l'étouffait.

— Attends, la belle fille, dit le fermier, je vais te faire rester tranquille, et du talon de son soulier il frappa plusieurs coups sur la tête de Madeleine.

Celle-ci râla, et du sang vint rougir le sac de toile dans lequel elle était renfermée.

Alors le bossu jeta sa victime dans la rivière !...

L'eau s'ouvrit avec bruit et se referma aussitôt sur le corps de Madeleine.

En ce moment la lune s'était voilée d'un disque de sang, et Draak l'aperçut au fond de l'eau qui dansait en grimaçant entre deux nuages.

Il faut croire que le bossu avait mal attaché le sac qui renfermait sa victime, car elle reparut bientôt en se débattant.

— Au secours, cria-t-elle — et de ses mains elle cherchait à se cramponner à la rive. — Mais Draak saisit une grosse pierre et broya les doigts de la pauvre enfant !...

— Au secours ! répéta Madeleine en levant au-dessus de l'eau ses mains meurtries !

Le bossu répondit par un affreux ricanement ; mais tout à coup le rire s'arrêta sur ses lèvres, il lui sembla entendre une voix bien connue qui répondait à l'appel de la jeune fille.

— Madeleine ! cria la voix du tonnelier.

Et Draak aperçut avec effroi, au-dessus du fleuve, une tête qui s'avançait rapidement vers la jeune fille.

— Willaume ! s'écria celle-ci ; puis, dans un dernier effort, entourant la tête de ses bras, elle disparut avec lui sous l'eau du fleuve !...

. . . .

. . . .

Le lendemain matin le vieux berger, en passant près de la maisonnette de Madeleine, à laquelle il venait apprendre l'assassinat de Willaume, recula d'horreur et s'enfuit vers le village.

Il venait d'apercevoir le hideux bossu cloué avec son couteau sur la porte de la jeune fille, comme un chat-huant sur le fronton des granges !...

. . . .

C'était la justice de Dieu qui avait passé par là !...

E. BOURSIN.

VELLÉDA

SOUVENIR HISTORIQUE.

I

LA PRÉDICTION MYSTÉRIEUSE.

En l'an 21 de la naissance du Christ, à l'avénement de Tibère, Germanicus, son neveu, exigea dès Gaules le serment de fidélité au nouvel empereur romain.

Les Gaulois, moitié par persuasion, moitié par force, s'inclinèrent devant une volonté puissante.

On les récompensa par l'arbitraire et la cruauté.

Tibère les accabla d'impôts et d'usure, et leurs prêtres, savants dans les hautes sciences philosophiques, physiques et religieuses ; leurs prêtres, revêtus du pouvoir judiciaire et chargés de l'instruction publique ; les druides, enfin, furent exterminés. Ceux qui survécurent s'éclipsèrent dans les îlots des côtes de Bretagne ou dans les forêts sacrées des Ardennes.

C'est en secret, désormais, qu'ils durent célébrer leurs mystères.

Toutefois, les Romains ne firent pas éprouver le même sort aux femmes : les druidesses continuèrent d'exister, sinon comme vivification du sacerdoce, du moins comme prophétesses que l'on consultait, et aux oracles desquelles on accordait une grande confiance.

Mais les persécutions de Tibère produisirent la tempête dans les âmes. Puis, il ne fallut qu'une étincelle pour allumer la révolte.

Sacrovir, chez les Eduens, Florus, aux pays de Trèves, se chargèrent de hâter le soulèvement, et prirent pour levier la mort de Germanicus.

Sacrovir s'empara d'Autun, siége des écoles, et par conséquent de toute la jeunesse ardente et illustre ; il rassembla quarante mille hommes armés de toutes sortes, d'épieux, d'instruments de chasse, de coutelas, et il organisa en légions les crupellaires, esclaves destinés au métier de gladiateurs.

Malheureusement Sacrovir ne put rompre, avec ses hommes bardés de fer, les cohortes romaines, commandés par Silus, successeur de Varon.

Il fut défait à douze milles d'Autun, et il se poignarda pour n'être pas témoin du malheur de ceux qu'il conduisait à l'indépendance.

Comme compensation, et dans le même temps, les Romains étaient culbutés en Germanie par les Frisons.

A Tibère succéda Caligula, en l'année 37.

Ce prince vint en Gaule comme un histrion ; sa démarche triomphale est trop ridicule pour la décrire. Au premier bruit que les Germains allaient quitter leurs provinces pour marcher à sa rencontre, il s'enfuit et continua d'onérer les Gaules, retranché derrière son palais de Rome.

Claude l'imit. en 41; Néron fit mieux, en 51, et les Gaules, patientes comme le lion enchaîné, rongèrent leur frein en silence.

Sous le préteur Julius Vindex, elles se soulevèrent de nouveau.

A l'appel de la fanfare de délivrance, accoururent les Eduens, les Séquanais, les Arvernes et les Lyonnais.

Malgré l'adhésion enthousiaste des Rémois, des Lingons et des cités voisines du Rhin, un malentendu causa encore la perte des Gaulois.

Les soldats s'égorgèrent les uns les autres ; l'armée perdit ainsi vingt mille hommes et fut vaincue ; et Vindex, au désespoir, imita Sacrovir, il se tua de sa propre main.

Ceci se passait en 68.

A la mort de Vindex, les Gaulois n'avaient plus de chefs pour les conduire contre les Romains. Le pays batave, en 69, se chargea de leur donner un nouveau général.

C'était Claudius Civilis, qui n'avait pas moins d'habileté que d'audace.

Pour imposer aux masses, qui ont toujours besoin d'avoir confiance, il se prétendait descendant d'Annibal, auquel il ressemblait par les traits du visage.

Pendant l'oppression, il avait laissé pousser sa longue chevelure blonde, en signe de deuil.

L'heure était venue où il allait la faire tomber, brisant ainsi la chaîne du lion et jetant au peuplades le cri de sauvetage social.

Vespasien était au pouvoir.

Claudius Civilis envoya des députations aux principaux guerriers frisons et canninéfates ; il avertit les premiers parmi les citoyens bataves, et à tous il donna rendez-vous dans un champ funéraire, proche de la ville dans laquelle il demeurait.

Pas un ne manqua à l'appel patriotique.

Au crépuscule, le soir désigné, deux cents hommes, revêtus des insignes de leurs grades et de leurs conditions, s'accostèrent au champ funèbre, et, avant de s'être parlé, se serrèrent la main avec une expression muette de commun accord.

Le lieu de rendez-vous, demeure sacrée des

morts, était situé dans un vallon de toutes parts entouré de collines.

Les Bataves, les Frisons et les Canninéfates s'assirent en rond dans un espace vide.

Au milieu d'eux se tenait Civilis, debout et appuyé sur sa lourde épée ; tout autour d'eux étaient des tombes.

Après avoir fait apporter des amphores pleines, renouvelées à chaque instant, Civilis exposa le motif qui avait nécessité la réunion, et fit appel à tous les cœurs audacieux qui souhaitaient secrètement l'affranchissement de leur patrie.

Les deux cents hommes se dressèrent soudain.

Alors, on discuta les moyens à employer pour opérer un soulèvement général.

La discussion fut longue et ardue.

Pendant ce temps, les serviteurs bataves avaient allumé des fascines qui jetaient une lueur blafarde et étrange sur le champ funèbre, transformé en théâtre d'orgie.

La nuit, le vin, la singularité de la situation, l'échange des discours échauffèrent les cerveaux.

Civilis acheva de les exalter par ses phrases brûlantes, puisées dans un cœur lacéré par le joug tyrannique.

Alors, jugeant le moment propice, il exigea le serment de chasser les Romains du territoire gaulois.

A cette demande, faite d'un ton sonore, le silence succéda au tapage de l'orgie.

D'un geste unanime, les Bataves, les Frisons et les Canninéfates étendirent leurs glaives et prononcèrent les imprécations terribles par lesquelles ils engageaient leur vie en échange de la liberté.

— Et maintenant, s'écria Civilis, lorsque les serments furent jurés, maintenant, je puis couper ma longue chevelure, mon deuil est fini. Merci, chefs héroïques des nations ; avec vous l'œuvre est certaine. Dans trente jours, nous devons nous joindre sur le champ de bataille !

Les conjurés échangèrent encore un serrement de mains à la lueur des fascines expirantes, et déjà se disposaient à se séparer, lorsque soudain ils tressaillirent en relevant la tête.

Une voix retentit dans l'espace, vibrante au milieu du calme de la nuit, et prononça distinctement ces paroles :

— Teutatès demande encore des victimes humaines, et les druides sont bannis. Les bardes ne chantent plus les exploits des guerriers, et les druidresses seules possèdent la science des augures. Bélénus, Hésus et Tarann, nos dieux aimés, punissent l'orgueil des hommes et châtient l'aveuglement et l'oubli !

Aux accents mystiques qui résonnaient d'un point inconnu, Civilis sentit vibrer son cœur. Il crut à une révélation.

La voix se taisait.

— Oh ! parle, parle encore !… s'écria le chef batave ; qui que tu sois, femme, esprit ou démon, parle, parle toujours !

— Civilis, continua le souffle aérien, Rome est déchirée par des dissensions intestines ; à toi reviendra la gloire de la faire trembler. Arbore hardiment le drapeau de la révolte, et la victoire t'abritera sous ses ailes, tant qu'un seul sentiment vibrera dans ton âme : l'amour de la patrie ! Quoique tu ne m'aies pas convoquée, je suis exacte au rendez-vous… je suis la prophétesse des Germains !

— Velléda ! exclamèrent en chœur les conjurés.

Puis, ce fut en vain que l'assemblée écouta encore, la voix ne se fit plus entendre.

Civilis, par un instinctif et sympathique élan, s'élança pour atteindre la prophétesse, dont la renommée était venue jusqu'à lui.

Velléda avait déjà quitté le sommet de la colline.

Il ne put que distinguer une ombre, qui fuyait avec la rapidité du vent.

A ses pieds, il trouva une petite faucille d'or ; il la ramassa, la serra précieusement sous sa toge, et revint rêveur au champ funèbre.

Quelques minutes après, les conjurés se séparaient en se donnant un nouveau rendez-vous devant les aigles romaines.

II

LE PREMIER RENDEZ-VOUS.

Velléda, dont on commençait à parler dans toute la Gaule, était une enfant trouvée au pied d'un chêne, dans la nation des Bructères.

Elle fut recueillie par une famille germaine, frappée de sa précoce intelligence.

Son enfance se passa dans les bois et dans les camps. Tour à tour, elle partagea la bonne et la mauvaise fortune de ses parents d'adoption ; toujours contente de son sort, et étudiant sans cesse dans le livre immense de la nature.

Les druides ayant été persécutés, Velléda, qui se plaisait en leur compagnie, leur porta des vivres au fond de leurs retraites, et cela au péril de ses jours.

En échange, elle reçut d'eux des leçons et des conseils.

Un jour, l'enfant avait quinze ans, elle fut brutalisée par les sicaires romains. Au lieu de courber la tête, elle se redressa frémissante, et, dans un débordement prophétique de l'âme, elle appela sur ses bourreaux la colère du ciel, et leur prédit la ruine de leur patrie libidineuse.

Cet acte de courage d'une faible jeune fille excita l'indignation des Germains contre les soldats de Rome. Une lutte s'ensuivit ; les oppresseurs furent écrasés. Mais, le lendemain, de cruelles représailles avaient lieu, et, Velléda n'étant plus présente pour soutenir les courages, les Germains inclinèrent le front en entassant la haine dans leurs cœurs.

Velléda avait déserté, en apparence, devant les lâches qui l'avaient frappée; mais c'était pour mettre à exécution un dessein dont la réalisation germait en elle depuis longtemps.

Tout d'une haleine, elle avait gagné les profondeurs de la forêt d'Argèse et avait paru dans les souterrains habités par les druides.

— Prêtres, s'écria-t-elle, je sens en moi la force de défendre notre religion au grand jour! Sacrez-moi druidesse! Les femmes sont respectées encore dans l'exercice du sacerdoce; en votre absence, nos frères ont besoin de moi pour activer dans leurs veines le sang de la nationalité!

Erix, le grand druide, dont Velléda était l'élève, lui fit subir les différentes épreuves du dogme, la ceignit de la faucille d'or et appela sur elle la bénédiction des Dieux.

Velléda s'éloigna des souterrains.

Tour à tour elle parcourut les tribus germaines, réveillant les passions endormies par la science augurale dans laquelle elle excellait.

Au bout d'un certain temps, toutes les tribus acclamaient Velléda.

— Nous sommes prêtes, répondaient-elles; donnez-nous un chef.

Bientôt la réputation de la druidesse franchit les frontières de la Germanie; son nom seul exerça partout une immense influence.

Les Goths lui donnaient le titre honorifique de Vilitha; les Scandinaves, celui de Vild. Les Romains seuls sourirent de pitié, comme l'enfant qui dédaigne le feu avec lequel il joue.

Lorsqu'elle assista secrètement au conciliabule de Civilis, Velléda était une belle jeune fille de vingt ans, aux traits intelligemment accentués, à l'œil noir et brillant, aux sourcils arqués.

Son costume respirait une sauvagerie étrange.

Maintenant que nos lecteurs connaissent ce type, qui a traversé tant de siècles et inspiré tant d'imaginations, lais sons parler les faits et revenons à Civilis.

A la date indiquée par les conjurés du champ funèbre, une armée, composée de Bataves, de Frisons et de Canninéfates, ayant à sa tête Claudius Civilis, s'avança contre les Romains.

Ces derniers, prévenus à temps de l'arrivée des ennemis par leurs espions, s'apprêtèrent à la hâte et les attendirent de pied ferme.

La rencontre eut lieu en champ ouvert.

Les Gaulois, un peu amollis dans l'oisiveté, furent entamés au premier choc par des soldats aguerris et disciplinés.

Déjà même la retraite commençait à s'opérer, malgré les exhortations et les cris de ralliement de Civilis, lorsqu'un nuage de poussière s'éleva à l'horizon.

C'étaient les Germains qui s'avançaient au secours de leurs frères.

Ils étaient conduit par Velléda.

A ce renfort inattendu, les Gaulois reprirent courage, une mêlée terrible s'engagea, et les Romains furent vaincus.

Pendant la bataille, Velléda, agenouillée sur une éminence, élevait les mains au ciel et semblait l'implorer.

Après la bataille, elle disparut.

Civilis la fit chercher pour lui adresser ses remerciements; la druidesse répondit aux envoyés qu'elle ne verrait Civilis que lorsqu'il aurait remporté plusieurs victoires.

Quel sens cachait cette réponse?

Le chef batave, à dater de cet instant, songea nuit et jour à la prophétesse.

Des victoires successives sur les Romains furent le résultat de son courage et de son patriotisme, portés au suprême degré par l'idéalisation d'une passion pure.

Puis, après chaque défaite, il envoya à la druidesse les dépouilles de l'ennemi.

En son nom, les envoyés demandèrent, chaque fois aussi, une entrevue pour leur chef.

— Pas encore, répondait Velléda; les oppresseurs sont toujours sur le territoire national.

C'était donner l'ordre à Civilis de les en expulser dans une action décisive.

Cependant les Gaulois étaient fatigués de ces combats successifs.

Civilis rentra donc sous sa tente, et les soldats s'endormirent d'un sommeil de plomb.

Mais Velléda veillait à la gloire de ses compatriotes.

Au milieu de la nuit, franchissant les fossés du camp, elle parvint au milieu des cohortes, après avoir trompé la vigilance des sentinelles.

La lune brillait dans son plein.

La prophétesse entonna un chant de guerre en s'accompagnant de la *rotte*, instrument inventé par les Celtes.

A ces accents, qui devaient exalter les âmes les plus indolentes, les bardes qui suivaient l'armée, et dont la mission était de déclamer pendant le combat, se réveillèrent les premiers et firent chorus.

Peu à peu les guerriers, soulevant leur tête du lit de terre sur lequel reposaient leurs membres engourdis, se dressèrent en frémissant et ceignirent leurs armes.

Lorsque le chant fut terminé, ils demandèrent le combat à grands cris et supplièrent Civilis de les conduire contre les Romains.

Le général n'eut garde de laisser s'éteindre un si impétueux élan.

Les Romains, surpris, furent massacrés et mis en déroute.

Peu de jours après, ils avaient quitté cette contrée de la Gaule, laissant sur le champ de bataille une grande partie de leurs tribuns, des aigles, des centurions et des centuries. Pour la première fois, Velléda, donnant la main à Civilis, vint compter avec lui le nombre des morts.

Pendant qu'ils marchaient ainsi au milieu de ce triomphe meurtrier, la prophétesse s'aperçut que la main du guerrier tremblait.

Un frémissement involontaire la saisit, et elle s'éloigna de quelques pas.

— Femme, dit Civilis, puisque nos intelligences s'unissent pour la même cause, pourquoi nos cœurs ne battraient-ils pas l'un pour l'autre? Après le tumulte peut venir le silence; après le choc des armes peut se murmurer la douce causerie...

— Demain, ami, répondit-elle, le grand druide Erix célébrera, dans la forêt d'Argèse, la cérémonie du gui. Je t'attendrai au carrefour des Chênes. Là, nous remercierons les dieux, et, si les augures sont pour nous, peut-être pourrai-je t'aimer, Claudius !...

— Mais, pour pénétrer près de la pierre druidique, il faut un signal, un mot d'ordre ?

— Tu rapporteras, à la prophétesse, la faucille qu'elle a perdue sur la colline du champ funèbre.

Velléda s'éloigna en contenant les battements de son cœur.

III

LE SACRIFICE HUMAIN.

C'était avec un plan arrêté que Velléda avait donné à Civilis son premier rendez-vous.

Sous l'intelligence supérieure se laissait pressentir la femme; la prophétesse avait écouté parler son âme, et le nom de Civilis s'était fait entendre comme un lointain écho d'amour.

Mais, anxieuse encore de savoir si la passion du guerrier répondrait à la sympathie qui la poussait vers lui, par une sublime coquetterie, elle résolut de se montrer dans toute sa puissance terrestre, afin de faire vibrer les cordes de l'attraction aimante.

Le lendemain donc, c'était le premier jour de l'année nouvelle, jour indiqué par les druides pour la cérémonie du gui; dès l'aube, Velléda se rendit dans la forêt d'Argèse.

Lorsque la prophétesse arriva, Erix, le grand prêtre, était déjà revêtu de sa longue toge noire; une épaisse barbe blanche tombait jusqu'au milieu de sa poitrine; sa tête était ceinte d'une couronne de feuillage.

Autour de lui se tenaient les eubages ou inspirés.

Sur les côtés de la pierre druidique étaient accroupis les bardes ou poètes sacrés.

Enfin, à l'écart, les esclaves contenaient deux fringants taureaux blancs, destinés à l'expiation.

A la vue de Velléda, le grand druide fit un signe, et les bardes aussitôt entonnèrent un chant sauvage, en s'accompagnant de la *rotte* celtique.

C'était le signal de la cérémonie.

— Arrêtez ! s'écria la prophétesse; au nom du dieu Tarann, suspendez un instant les pratiques saintes!

Les chants cessèrent.

Erix, courroucé de ce langage, fit un pas vers la vierge de Germanie.

— Audacieuse, exclama-t-il, oses-tu bien ainsi accomplir un sacrilége?

— Druide, répondit Velléda sans s'émouvoir, ce n'est pas seulement la cérémonie du gui qui doit faire chanter aujourd'hui nos poètes; nous devons rougir encore l'autel de Teutatès, car la patrie est libre, les Romains sont chassés de nos contrées!

Un cri de joie accueillit cette nouvelle.

— Ce jour sera à jamais marqué dans nos fastes glorieux, dit Erix en embrassant la prophétesse; parle, enfant, quelle récompense veux-tu pour avoir apporté tant de bonheur à ma vieillesse?

— Au représentant de la religion gauloise, je demanderai une faveur et un droit.

— Quelle est cette faveur?

— Accorde à un guerrier illustre d'assister à nos mystères...

— Un profane!

— C'est à lui que nous devons la défaite de Rome; il se nomme Claudius Civilis.

— Sous tes auspices, alors, il sera le bienvenu. Et quel est le droit que tu réclames encore?

— Celui de célébrer moi-même le sacrifice humain dû à Teutatès, qui a protégé nos armes de son égide.

— Tu sais cependant que nos lois interdisent la prêtresse, partout où le grand druide existe...

— Oui; mais la victoire a trouvé en moi un puissant levier. Mes excitations etmes prophéties ont soulevé les Germains, et sans moi Civilis était vaincu...

— Prêtresse, les Dieux commandent par ta voix! J'assisterai au sacrifice que remplira ton sacerdoce. Mais, tu parlais de victimes humaines, et je ne vois ici que ces deux taureaux blancs, qui attendent le couteau de pierre...

Velléda prit à sa ceinture un titubium, ramassé par elle sur le champ de bataille, et en tira des sons glauques et saccadés.

Cet appel retentit au loin sous les voûtes de feuillage.

Quelques minutes après, des soldats gaulois, conduits par Civilis, amenèrent au carrefour des Chênes un prisonnier romain.

Sur un ordre de Velléda, les esclaves s'emparèrent du prisonnier, les soldats s'éloignèrent pour rentrer au camp. et Civilis, après s'être incliné devant le grand prêtre, tendit la main à la prophétesse, qui lui remit le bouquet de verveine, signe d'alliance et de paix.

— Voilà le libérateur de la Germanie ! dit-elle au druide.

— Qu'il soit le bienvenu, répondit Erix. Et maintenant, invoquons les Dieux!

Le chant des bardes recommença son rhythme étrange.

Civilis, à l'écart, ne quitta pas un instant Velléda des yeux.

Sûre maintenant du seul témoin qu'elle désirait dans l'exercice de son sacerdoce, la prophétesse se livra toute entière à son inspiration, après avoir fait appel à l'amour qui couvait dans son âme.

Le druide, les eubages, les bardes, s'avancèrent vers un chêne séculaire, en grande pompe, au milieu des invocations aux Dieux : Hercule, Ognius, Bélénus, Isis, Hésus, Tarann et Bélisuna.

Erix, avec une serpe d'or, détacha de l'arbre vénéré le fruit qui *guérit tout*.

Les eubages le reçurent sur un morceau de laine fine et l'enfermèrent dans une cassette ornée d'étoffes précieuses.

Puis les esclaves amenèrent les taureaux blancs, qni furent sacrifiés au pied du chêne, la pierre druidique étant réservée, cette fois, pour le meurtre consacré du Romain destiné en actions de grâces à Teutatès.

Pendant la cérémonie, Velléda demeura auprès de Civilis.

Ils n'échangèrent pas une parole; la prophétesse semblait rêveuse.

Enfin commença le sacrifice humain.

Les eubages amenèrent le prisonnier, auquel ils avaient lié les mains et posé un bâillon sur la bouche pour étouffer ses cris, et le placèrent sur la pierre druidique.

Lorsque le Romain fut placé selon le cérémonial voulu, le chef des eubages s'approcha de lui, et, d'un seul coup de massue en fer, lui brisa le crâne.

A son tour Velléda, les traits animés par l'inspiration, monta à l'autel, saisit le couteau de silex que lui présenta Erix, et le plongea dans le cœur et dans les entrailles de la victime.

Alors elle consulta les augures, au milieu des invocations adressées à Teutatès.

De ses doigts fébriles elle ausculta les chairs palpitantes.

— Gaulois, cria-t-elle, l'avenir se montre radieux pour notre nationalité. La patrie, longtemps morcelée, deviendra à son tour une écrasante puissance, et dictera des lois à qui fut son oppresseur. Gloire à la Gaule, ce foyer des nobles cœurs! Et cependant...

Tout à coup la parole s'éteignit dans la poitrine de la prophétesse; un nuage passa sur son front. Les vêtements couverts de sang, elle descendit de l'autel, et prenant Civilis par la main :

— Viens, dit-elle, fuyons... fuyons!

Malgré les instances d'Erix, elle s'éloigna avec le guerrier batave, en refusant de s'expliquer, et en laissant aux eubages le soin de terminer la sanglante divination.

Après avoir marché en silence à travers les arbres, les broussailles et les rochers qui parsemaient la forêt, Velléda et Civilis parvinrent dans une clairière et s'assirent au pied d'un hêtre.

Le premier, Civilis prit la parole.

— Amie, dit-il, chasse au loin l'inquiétude qui a plissé ton front... Confie à celui qui t'admire le secret des augures; peut-être pourra-t-il consoler ton cœur.

— Claudius, reprit Velléda en fixant son compagnon, sens-tu dans ton âme assez de force et de courage pour soutenir la lutte de l'indépendance jusqu'à ton dernier soupir?

— Oui, je le jure!

— Eh! bien, écoute donc. Les entrailles de la victime m'ont annoncé que Rome dominerait encore la Gaule, par la faiblesse que montreront bientôt les guerriers bataves... Ce n'est pas à toi, n'est-ce pas, que s'adresse cette prédiction?

— Non, non! j'en fais serment encore par l'amour que j'éprouve pour toi!

Et il prit dans ses mains la tête de Velléda, et sur son front pur il déposa un baiser.

— Tu m'aimes, dis-tu, pauvre esprit faible qui ne sais pas résister aux passions!... Mais comprends-tu ce que c'est qu'aimer Velléda la druidesse?...

— Oui, c'est unir avec elle, dans une même pensée, l'amour des sens et l'amour de la patrie.

A cet aveu, Velléda parut transfigurée.

— Une question encore, dit-elle d'une voix haletante : si j'abandonnais mes frères, moi, conserverais-tu pour la fille de Germanie l'affection que tu lui promets aujourd'hui, et dont elle s'est montrée digne?

Civilis eut un sourire triste à cette réflexion.

— Si tu agissais ainsi, répondit-il, c'est que la nature n'aurait pas mis en toi l'essence d'une déesse, et je m'éloignerais en pleurant une illusion perdue...

— Oh! mon héros, je t'aime!... murmura tout bas la prophétesse, en jetant ses bras autour du cou de Civilis.

IV

LE PATRIOTISME ET LA MATERNITÉ

Deux années s'étaient écoulés depuis les événements que nous venons de raconter.

De son amour avec Civilis, Velléda avait mis au monde deux jumeaux, auxquels elle donna les noms de Fabius et Epodorix.

Les soins que réclamait la maternité n'empêchèrent pas la druidesse de veiller à l'enthousiasme insurrectionnel des Gaules; au milieu de la vie agitée qu'elle passa dans les forêts et dans les camps, ses enfants furent élevés constamment sous ses yeux; elle s'adjoignit seulement pour veiller sur leur faiblesse, lorsque sa présence était nécessaire au combat, un serviteur fidèle, Comès, qu'elle avait racheté du service des eubages.

De toutes parts les Romains étaient repoussés.

Un jour, Civilis proposa à sa compagne de le suivre au siège de Langres, puis chez les Arvernes, et de là chez la nation celtique.

Velléda répondit par un refus.

Elle s'était aperçue que l'ambition avait succédé, chez le héros batave, au noble sentiment du patriotisme; elle le laissa partir seul. Son amour était mort avec le désintéressement de Civilis.

Lorsqu'elle le vit s'éloigner à la tête de quelques compagnons d'élite, elle pressa en pleurant les jumeaux sur son cœur, et murmura en levant les yeux au ciel :

— Dieu puissant, vous laissez pâlir l'étoile de la patrie!...

Sa prédiction était vraie encore une fois.

Les Romains, qui jusqu'alors avaient été en proie aux dissensions intestines, se rallièrent sincèrement autour de leur empereur Vespasien.

Ce dernier envoya à la tête de ses armées le général Céréalis, qui, à un courage surhumain, joignit la prudence du serpent et la profondeur de vues d'un grand politique.

Unies alors dans une même pensée, le triomphe de Vespasien, les légions ressaisirent promptement, dans les Gaules, un avantage prépondérant.

Pressés, refoulés jusque dans l'intérieur de leurs tribus, les Germains, les Bataves, qui n'avaient plus Civilis, les Frisons et les Canninéfates commencèrent à douter du succès de la lutte.

Velléda seule, qu'ils adoraient presque comme une divinité, sut les maintenir dans le sentier du devoir.

Céréalis comprit que cette femme pouvait achever l'œuvre qu'il venait de commencer si brillamment: la pacification de l'asservissement de la Gaule.

Il fit demander à la druidesse une entrevue; elle eut lieu en présence des deux armées, qui se tinrent dans des limites respectives.

Là, Céréalis promit à Velléda l'affranchissement général des servages et des impôts usuraires, si elle consentait à l'aider dans l'accomplissement de la paix.

Velléda crut Céréalis sincère.

D'ailleurs, elle n'entendait plus parler de Civilis! Elle n'espérait plus qu'il pourrait répondre encore à l'appel de la nation.

A sa voix, les Gaulois déposèrent les armes aussi facilement qu'ils les avaient prises.

Tour à tour elle visita chaque tribu; au nom de la divinité, dont elle était prêtresse, elle rencontra l'obéissance à un traité qu'elle croyait de bonne foi.

Mais c'était un piège que lui avait tendu Céréalis.

A mesure qu'elle sortait d'une contrée, soumise par ses conseils, les Romains y rentraient aussitôt, et, à l'aide de démonstrations mensongères, désarmaient les populations, décimaient les cohortes, et faisaient prisonniers les hommes les plus importants et les plus à craindre de la nation.

Velléda connut cette trahison par un envoyé secret que lui députa la Germanie.

Aussitôt elle changea de tactique.

La rage dans le cœur, elle prêcha la lutte du désespoir.

Les Gaulois, désarmés, s'emparèrent de tout ce qui leur tomba sous la main pour en faire des instruments meurtriers, et, n'ayant plus rien à risquer, ils fondirent comme une avalanche sur leurs oppresseurs.

Le premier choc fut terrible.

Les légions rétrogradèrent, saisies d'une frayeur panique. A leur tête était la *Fulminante*, commandée par Rutilius Gallus, lieutenant de Céréalis.

Une nuit qu'elle sommeillait, l'oreille au guet, Velléda eut un rêve affreux.

Il lui sembla qu'un loup pénétrait sous sa tente et dévorait ses fils : Fabius et Epodorix.

Elle se leva... sous l'impression de l'anxiété maternelle... franchit, sans s'arrêter, les cinq milles qui la séparaient des confins de la forêt d'Argèse, où se trouvaient la chaumière et les jumeaux confiés à la garde de Comès, et pénétra dans sa demeure agreste.

— Mes fils ! cria-t-elle avec un élan suprême.

Un sanglot lui répondit; c'était Comès qui pleurait accroupi dans l'ombre.

La druidesse s'avança vers le berceau de feuilles sèches, sur lequel reposaient ordinairement les jumeaux.

— Ah ! en voilà un ! fit-elle avec joie, voilà Fabius!... Mais l'autre?... l'autre?... Réponds, réponds, gardien infidèle!... O pressentiment d'une mère, tu ne trompteras donc jamais!...

— Volé! maîtresse, il a été volé! répondit enfin Comès, en redoublant les marques de sa douleur.

— Par qui?

— Par les Romains.

— Oh! les lâches!... C'est ainsi qu'ils récompensaient le service qu'ils m'ont demandé! Mais dans quelle circonstance?... Tu aurais dû appeler au secours!... Velléda, ils n'auraient pas laissé enlever son enfant.

— Ils étaient plusieurs, maîtresse; ils sont venus sous prétexte de vous voir, ils m'ont garroté, bâillonné, ont pris le petit Epodorix, et sont partis... Fabius dormait dans le même berceau; ils n'ont pas touché à Fabius.

— Et tu n'as aucun indice?... Tu ne sais à quelle légion appartiennent les ravisseurs?

— Si, l’un m’a dit en partant : « C’est au nom de Rutilius Gallus que nous enlevons le rejeton des druides... Si la mère veut qu’on le lui rende, qu’elle vienne le chercher au camp de la légion *Fulminante !*... Je l’en défie !... »

— Et puis ?...

— C’est tout, maîtresse.

— Rutilius Gallus !... le camp !... la *Fulminante !*... J’irai, oh ! oui, j’irai !...

La malheureuse mère, qui jusqu’à ce moment n’avait pu trouver une larme dans sa poitrine serrée, se mit à sangloter amèrement en couvrant de baisers son petit Fabius, qui jouait, dans sa naïve insouciance, avec le long voile blanc de la druidesse.

Velléda tint parole.

Le lendemain, au point du jour, après avoir donné un ordre secret à Comès, qui s’éloigna sur-le-champ, elle ferma la porte de sa chaumière, confia la garde de Fabius à deux paysans, ses voisins, et se dirigea vers le camp de Rutilius.

De plus loin qu’elle fut aperçue par les soldats, le cri : Aux armes ! se fit entendre.

La druidesse agita un rameau vert, signal de paix ; un centurion vint à sa rencontre, et la conduisit à la tente de Rutilius.

En quelques instants, les lieutenants de la *Fulminante* se trouvèrent réunis devant la tente du chef ; on apporta des escabeaux de pierre, et Velléda fut entourée d’un tribunal guerrier.

D’un coup-d’œil rapide, elle embrassa l’étendue du danger.

— Druidesse, que viens-tu nous demander ? commença Rutilius avec un narquois sourire.

— L’enfant que vous m’avez volé, répondit-elle sans emphase.

Rutilius pâlit. Mais, se remettant aussitôt :

— Qu’on rende son enfant à cette femme, dit-il.

Épodorix, amené par un soldat, fut bientôt couvert des baisers de sa mère.

— Merci ! fit Velléda en se levant ; je croyais à moins de magnanimité !... Adieu !

Rutilius se leva à son tour.

— Les Romains sont magnanimes, c’est vrai, ajouta-t-il ; mais, si nous calmons les angoisses d’une mère, nous devons veiller à notre sûreté en éteignant la torche qui enflamme la Gaule ; Velléda, tu es notre prisonnière !

— Ah ! ah ! railla-t-elle, c’était un guet-à-pens !

— Non ; en guerre, la ruse est permise.

— Quand cette ruse spécule sur l’amour maternel, c’est une lâcheté !

— Pas de vaines paroles. Choisis : prisonnière avec ton enfant, ou la liberté pour toi et la mort pour le fruit de tes entrailles.

— Je me dois avant tout à la patrie, et rien ne me fera dévier du chemin de l’honneur. Lieutenant de la *Fulminante*, fais-moi conduire au-delà des retranchements, rends-moi

libre, enfin ; puis, tue mon fils, et tu verras ma figure resplendissante à ce sacrifice infâme qui appellera sur vos têtes la foudre de la vengeance !...

Exaspéré de la physionomie digne et calme de la prophétesse, Rutilius bondit comme une hyène.

— Égorgez l’enfant ! hurla-t-il.

Les soldats se précipitèrent sur la courageuse femme, et, lui arrachant Épodorix, levé le glaive sur sa tête.

Mais, quelle est la mère qui verrait froidement assassiner son fils ?

La prophétesse poussa un cri déchirant et tomba à genoux en étendant les bras.

— Grâce ! grâce ! supplia-t-elle ; que vous a-t-il fait, lui ?...

— Elle a raison, reprit Rutilius, en rendan Épodorix à la prophétesse ; dous ne devons frapper que nos ennemis. Femme, il faut que tu nous livres à l’instant ton abdication au sceptre prophétique de la Germanie.

— Jamais ! Ce sceptre est le levier de l’insurrection !

— Prends garde ! les tortures les plus cruelles forceront ta volonté.

— Infâmes ! je vous en défie ! Après avoir volé mon enfant, après m’avoir attirée dans un piége, vous voulez encore me voler mon honneur !... Allons donc, vous ne connaissez pas la druidesse des Gaules !... Avant que vous ayez fait un pas pour me saisir, moi et Épodorix, entendez-vous ? la femme et le rejeton de Civilis seront là tous deux, morts à vos pieds !...

Et Velléda, saisissant un silex caché dans sa poitrine, le leva sur son enfant.

Mais soudain, des hurlements effroyables se firent entendre.

Les Germains, avertis par Comès de la démarche de Velléda, s’étaient avancés sans bruit dans le petit bois qui bordait un des côtés du camp, et, surprenant les sentinelles, se ruèrent sur la légion et commencèrent la boucherie.

Rutilius, oubliant Velléda, pensant d’ailleurs qu’elle ne pourrait s’échapper des retranchements, par suite de l’ordre qu’il avait donné, n’eut que le temps de s’élancer à la tête des combattants.

A la faveur du tumulte, et de la nuit qui commençait à venir, Velléda disparut, emportant Épodorix.

Mais, avant de prendre le chemin de sa demeure, elle tourna du côté du petit bois qui avait servi à l’embuscade, et poussa son cri de guerre aux Germains.

C’était leur apprendre qu’elle était sauvée.

La petite troupe d’assaillants toute entière resta sur le champ de bataille ; triste expiation du dévouement à la prophétesse !

Hélas ! une douleur poignante attendait encore la mère au seuil de son foyer.

Fabius, le petit Fabius, avait été enlevé à son tour, pendant que Comès avertissait les Germains du danger couru par Velléda.

Les paysans, chargés de veiller sur le précieux dépôt qu'on leur avait confié, s'étaient enfuis avec le frère d'Epodorix.

V

LA CAPTURE.

L'irritation des Romains était au comble.

Rutilius Gallus jura, sur l'autel de Jupiter, qu'il s'emparerait de Velléda, morte ou vivante.

La chasse humaine commença.

De toutes parts, les Gaulois furent vaincus et domptés; de toutes parts aussi la prophétesse fut poursuivie par d'adroits traqueurs.

La pauvre mère fuyait toujours, s'arrêtant dans les ravins à peine le temps de prendre une grossière nourriture et de tremper dans l'eau fraîche ses pieds ensanglantés.

Comès était encore son esclave fidèle.

Velléda portait sur son dos le petit Epodorix, qui lui avait été rendu par les paysans.

Au détour d'une colline ombreuse, Velléda se trouva tout à coup devant un détachement de ses traqueurs, distants environ d'un demi-mille.

Elle pâlit, et comprit qu'elle était perdue.

En effet, les soldats romains l'avaient aperçue, et se dirigèrent de son côté en courant.

Nul interstice de roche dans lequel on pût se cacher; nul espoir de gagner la forêt voisine.

Il fallait se rendre.

Mais livrer son enfant avec elle, cette idée était au-dessus des forces de Velléda.

— Jamais, dit-elle, jamais le dernier fils de Civilis ne deviendra l'esclave de Rome!... Comès, je te confie Epodorix!... Seule, je tomberai entre les mains des vainqueurs.

Avisant un léger monticule de terre qui formait une sorte de fossé à son rebord, elle y conduisit Comès et Epodorix, et leur ordonna de se coucher à plat ventre.

— Adieu, ami, adieu!... Adieu, mon enfant! sanglota-t-elle en les pressant une dernière fois sur son cœur... Comès, fais de lui un grand citoyen... Velléda le veut!

Un bruit de pas retentit plus rapproché.

— Pas un mot, acheva-t-elle; ce serait la mort pour lui, pour toi.

Comès et Epodorix se couchèrent à plat ventre, sans mot dire; Velléda ramassa à la hâte des poignées de branchages et de feuilles mortes, les jeta sans apprêt sur ceux qu'elle allait quitter, et, en peu de secondes, ils disparurent sous cette tombe improvisée.

A peine avait-elle achevé, à peine avait-elle essuyé ses yeux rouges de larmes, que les soldats parurent.

Velléda ne fit aucune résistance à leur arrestation brutale.

Les chiens de la légion n'étaient pas, cette fois, avec leurs maîtres; aussi l'enfant et le serviteur fidèle échappèrent-ils sains et saufs.

La prophétesse fut chargée de chaînes, et

Quelques mois après, Rutilius Gallus, vainqueur de la Gaule, revint à Rome, pour recevoir la couronne civique des mains de Vespasien.

Il fut reçu en triomphateur.

Sur son char était Velléda, courbant la tête, et pleurant lr patrie perdue.

. . . .

De longues années s'écoulèrent.

Titus avaient remplacé Vespasien sur le trône.

Il y avait fête au Forum romain.

Un jeune homme, auquel la renommée s'attachait déjà, allait discuter une loi agraire qu'il voulait faire passer, parce qu'il la croyait nécessaire à la richesse publique.

Il avait nom Fabius. Chacun avait confiance en lui comme dans l'oracle.

Aussi là foule se pressait-elle nombreuse, pour ne pas perdre une seule de ses paroles.

Dans un coin du Forum, une vieille femme vint à passer.

Elle était ridée et souffreteuse; ses haillons indiquaient la plus profonde misère.

Après une péroraison brillante de Fabius, le peuple, enthousiasmé, lui forma cortége jusqu'à sa demeure. Les licteurs ouvrirent la marche.

A son passage auprès d'elle, la mendiante reconnut l'orateur. Elle poussa un cri de joie.

— Lui!... lui!... mon enfant!

Elle voulut s'élancer; mais repoussée par les flots populaires.

Elle remit au lendemain pour reconnaître si son cœur ne l'avait pas trompée.

Hélas! elle ne devait pas avoir de lendemain.

Brisée par de longues souffrances, par des chagrins terribles, la pauvre vieille expira dans la nuit, sans agonie, comme une lampe qui s'éteint lentement.

Un gladiateur, qui partageait avec elle ses modestes repas, recueillit ses dernières paroles.

— Fabius, murmura-t-elle, Fabius, c'est bien toi, grand et puissant à Rome! Là-bas, qu'est devenu ton frère Epodorix?... Dieux puissants, répandez l'alliance sur la terre pour éviter le fratricide! Fabius... Epodorix... mes enfants!... Si vous vous rencontrez sur un champ de bataille, écartez vos épées et tendez-vous la main!... Adieu, je vous bénis!...

Cette femme, on l'a reconnue, c'était Velléda, qui mourrait à Rome d'esclavage et de misère.

Longtemps après sa mort, Velléda la druidesse est restée, dans les Gaules, l'objet d'un culte vénéré.

Depuis, elle a traversé les siècles comme un des plus beaux types du caractère national, et du dévouement à la patrie.

TURPIN DE SANSAY.

FIN

Paris. Imp. Turdu et Juvet, 9, r. des Miracles.

SOUSCRIPTION NATIONALE

Il est un ouvrage qui doit être, avant tout autre, dans les mains des populations, c'est l'*Histoire de France*. En effet, n'est-ce pas cette Histoire qui est la base fondamentale de l'instruction de tout citoyen français? Sans doute, mais le moyen d'acquérir une histoire complète et sérieuse, écrite par un écrivain consciencieux et renfermant tous les éléments historiques relatifs à notre beau pays? Et puis, quelle histoire publiera-t-on? — Je vais répondre à ces deux questions.

Voici, pour ce qui concerne cette histoire, les détails les plus authentiques :

Histoire de France, par L.-P. ANQUETIL, continuée jusqu'à nos jours, par GERMAIN SARRUT.

Deux magnifiques volumes in-4°, illustrés de 440 gravures historiques, dues au crayon de nos plus célèbres dessinateurs : Tony Johannot, Philippoteaux, Janet Lange, Célestin Nanteuil, Coppin, etc., etc.

Cet ouvrage contiendra 1,164 pages d'impression, et sera publié en livraisons à *dix centimes.*

Il paraîtra *deux livraisons par semaine.*

Les deux volumes formeront 445 livraisons.

SOUSCRIPTION NATIONALE SOUS FORME D'ABONNEMENT

AVEC PAIEMENTS PARTIELS

(Facilité de paiement et prix réduit pour les Souscripteurs).

L'ouvrage complet (avec couvertures et tables des deux volumes), rendu *franco*, par *deux livraisons par semaine*.................................... 14 fr.

Ces 14 francs seront payables en quatre termes, savoir :

Le premier terme de suite, soit..........	5 fr.
Le deuxième terme à trois mois, soit.....	3
Le troisième terme à six mois, soit.......	3
Le quatrième terme à douze mois, soit....	3
Total...............	14 fr.

AVIS. — Les abonnements devront se faire à partir du 1er août 1864. — Les Souscripteurs recevront immédiatement toutes les livraisons parues depuis ce jour. Les abonnements se feront par un *bon de poste*, à l'ordre du Directeur du *Siècle illustré*, Paris, rue du Pont-de-Lodi, n° 1.

LA GAZETTE DE L'EMPIRE

Journal Civil, Militaire, Biographique, Critique et Littéraire.

6 francs par an.

Paraissant le 1er et le 15 de chaque mois (2e année),

Publié sous la direction de M. ADOLPHE HUARD, propriétaire-gérant.

BUREAUX : RUE DU PONT-DE-LODI, 1, A PARIS.

VADE MECUM

GOUVERNEMENTAL

A L'USAGE DES MAIRIES DE FRANCE,

DES CONSEILS MUNICIPAUX, DES INSTITUTEURS, DES HAUTS FONCTIONNAIRES,
DE L'ARMÉE, ET AUTRES PERSONNES NOTABLES,

CONTENANT :

1° Les Discours de l'Empereur Napoléon III, depuis son entrée au Pouvoir (décembre 1851),
jusqu'à la fin de décembre 1863 ;

2° Un précis de la vie et des ouvrages de S. M. Napoléon III, etc.

ADOLPHE HUARD

Membre de plusieurs Académies

& JOSEPH BICHEYRE

OUVRAGE INDISPENSABLE A TOUTES LES MAIRIES ET AUTRES ADMINISTRATIONS.

Un beau volume in-18, de près de 400 pages. — Prix : 1 fr.

Adresser les demandes à M. Adolphe HUARD, rue du Pont-de-Lodi, 1, Paris.

BUREAUX

RUE DU PONT-DE-LODI, 1.
à Paris.

ABONNEMENT

UN AN.
Paris...... 6 fr.
Départements, 8

SIX MOIS
Paris
Départements

— LE —

SIÈCLE ILLUSTRÉ

PUBLIE LE

TUEUR DU ROI

Grand roman historique, inédit

PAR

TURPIN DE SANSAY

AUTEUR DE *la Folle de Constantine, la Sorcière de Paris, la Peste Noire et la* [illegible]
de Paris.

(L'un des plus grands succès de notre époque).

LE SIÈCLE CHANTANT

Journal de Romances, Chansons, Chansonnettes, Couplets, Rondeaux, Scènes comiques

10 CENTIMES LE NUMÉRO.

UN AN ...... **ABONNEMENT** ...... SIX MOIS

Paris.................... 8 fr.
Départements 10

Paris
Départements ....

PRIME DU *SIÈCLE CHANTANT.*

Tout abonné au SIÈCLE CHANTANT recevra chaque mois la chanson ou romance en vogue, avec accompagnement
de piano, grand format sur papier de luxe ; ce qui formera, à la fin de l'année, un magnifique album
de 12 à 15 francs, chez les éditeurs de musique. — Le montant en un mandat sur la poste à l'adresse du directeur,
au SIÈCLE ILLUSTRÉ, rue du Pont-de-Lodi, 1.

Paris. — Typ. Turlin Ad. et Juvet, 9, cour des Miracles.